成语探华夏

《成语探华夏》栏目组 编著

商务印书馆国际有限公司

中国·北京

图书在版编目（CIP）数据

成语探华夏 /《成语探华夏》栏目组编著 . -- 北京：商务印书馆国际有限公司，2025.4 -- ISBN 978-7-5176-1169-1

Ⅰ . H136.31-49

中国国家版本馆 CIP 数据核字第 2025PP5818 号

CHENGYU TAN HUAXIA
成语探华夏

编　　著	《成语探华夏》栏目组
出版发行	商务印书馆国际有限公司
地　　址	北京市朝阳区吉庆里 14 号楼 佳汇国际中心 A 座 12 层
邮　　编	100020
电　　话	010-65592876（编校部） 010-65598498（市场营销部）
网　　址	www.cpi1993.com
印　　刷	北京新华印刷有限公司
开　　本	710mm×1000mm　1/16
字　　数	213 千字
印　　张	17
版　　次	2025 年 4 月第 1 版第 2 次印刷
书　　号	ISBN 978-7-5176-1169-1
定　　价	88.00 元

版权所有·违者必究
如有印装质量问题，请与我公司联系调换。

以成语为舟，溯文明之源

成语是中华优秀传统文化的瑰宝，承载着华夏五千年文明的智慧密码和精神基因。《成语探华夏》是中央广播电视总台推出的大型季播节目，播出后观众反响热烈。其同名图书的出版，将流动的视频内容固化在文字上，给人以更多的回味空间，同时，节目中的精彩短片可以通过扫描二维码的形式获取，实现真正的多媒体融合。

《成语探华夏》以成语解读华夏文明，通过物华天宝、金戈铁马、人间烟火、风流人物、四通八达和薪火相传等六个篇章，构建起一座贯通古今的文化桥梁。展卷翻书，不仅可以看到成语背后的典故与哲思，也可以串起中华文明的历史脉络。

《物华天宝》聚焦传世古建、青铜器、玉器和雕刻艺术等方面，展现出中国古人敬畏自然的思想意识和人文创造的伟大力量。

《金戈铁马》从兵器、英雄、战场和兵法等角度，呈现的是精忠报国的赤子之心，其内核却是止戈为武的辩证智慧。

《人间烟火》的有声有色、有滋有味、有家有业和有喜有忧，实际讲的是服饰、饮食、家教和情感等方面。

《风流人物》分别从文人、神话人物、武将和政治家等角度，

1

让我们赞叹古代群星闪耀，也感叹数风流人物还看今朝。

《四通八达》从海纳百川、物阜民丰、南来北往和文明互鉴等方面，讲述的是人们对美好生活的期盼。

《薪火相传》是成语作为古代汉语活化石的表达，包括且不止创造、奋斗、团结和梦想等方面。

《成语探华夏》图书的出版，是融媒体时代的文化创新实践，既衍生了电视节目的生命力量，又延伸了纸本图书的深度阅读体验，可以很好地激活年轻群体对传统文化的感知方式，在"天下兴亡，匹夫有责"中筑牢担当，在"和衷共济"中凝聚共识，在"生生不息"中汲取力量。探成语故事，寻泱泱华夏，文脉绵长，典章赓续，华夏火种，光耀寰宇。

是为序。

姚喜双

中国传媒大学教授 博士生导师

国家语委咨询委员

中国语文现代化学会会长

目录 Contents

第一期 物华天宝

第一环节　探本溯源 / 3

　　一、传世古建 / 3

　　二、青铜器 / 14

　　三、玉器 / 22

　　四、雕刻艺术 / 30

第二环节　扶摇直上 / 39

结语 / 43

小游戏　成语接龙 / 44

第二期
金戈铁马

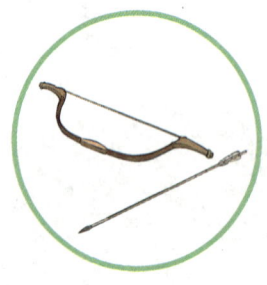

第一环节　探本溯源 / 49

一、兵器 / 49

二、英雄 / 56

三、战场 / 63

四、兵法 / 72

第二环节　扶摇直上 / 80

结语 / 85

小游戏　成语接龙 / 86

第三期
人间烟火

第一环节　探本溯源 / 91

一、有声有色 / 91

二、有滋有味 / 100

三、有家有业 / 108

四、有喜有忧 / 116

第二环节　扶摇直上 / 124

结语 / 129

小游戏　成语接龙 / 130

目录

第四期
风流人物

第一环节　探本溯源 / 135

　　一、文人 / 135

　　二、神话人物 / 143

　　三、武将 / 150

　　四、政治家 / 158

第二环节　扶摇直上 / 165

结语 / 169

小游戏　成语接龙 / 170

第五期
四通八达

第一环节　探本溯源 / 175

　　一、海纳百川 / 175

　　二、物阜民丰 / 186

　　三、南来北往 / 194

　　四、文明互鉴 / 202

第二环节　扶摇直上 / 211

结语 / 217

小游戏　成语接龙 / 218

第六期　薪火相传

　　第一环节　探本溯源 / 223

　　　　一、创造 / 223

　　　　二、奋斗 / 231

　　　　三、团结 / 236

　　　　四、梦想 / 245

　　第二环节　扶摇直上 / 255

　　结语 / 259

　　小游戏　成语接龙 / 260

第一期　物华天宝

物华天宝，龙光射斗牛之墟；
人杰地灵，徐孺下陈蕃之榻。
　　　　　　——唐·王勃《滕王阁序》

很多人都说中华文化能够绵延五千年，浩荡不衰，非常重要的原因就是我们有那些丰饶的物产、那些精美的创造，它们都体现着中华文化绚烂的智慧。这里面有两个成语特别重要，那就是——物华天宝、人杰地灵。今天我们就从物华天宝这个成语来走进中华文化的气象万千。

主持人：王宁

成语探华夏

　　成语的确是伴随着我们生活的方方面面——看到一件精美的文物，会说它价值连城；看到一座古建筑，会说它美轮美奂；看到传统工艺的技巧，会说它鬼斧神工；看到大地上的这些物产，我们会说物华天宝。今天我希望和大家一起感受成语的魅力。

——单霁翔
中国文物学会专家委员会主任
故宫博物院学术委员会主任

　　我就来说物华天宝这几个字跟我之间的关系。先说"物"，有一个成语是身无长物，就是没有多余的东西，你看我也没有珠光宝气，也没有学富五车，没什么加持我的，我就是身无长物。然后再说"华"，就是质朴无华。那"天"是什么？这一年我也追随单院长的脚步，走了很多很多地方，我觉得在心灵上还算比较天马行空，在行动上挺喜欢浪迹天涯，这是"天"。最后说"宝"，以什么为宝呢？今天一看，咱们这儿是高朋满座、胜友如云，我旁边的单院长是宝刀不老、德高望重，王宁老师冰雪聪明、温文尔雅，我觉得我这叫如入宝山，肯定不会空手回，会满载而归。

——蒙曼
中央民族大学历史文化学院教授
博士生导师

第一期　物华天宝

第一环节　探本溯源

一、传世古建

第一题　消消乐

请从以下二十五宫格中选出成语。

八	檐	宇	梁	玲
飞	画	通	室	栋
径	登	壁	幽	堂
楼	角	雕	走	面
玉	曲	入	琼	珑

— 嘉宾点评 —

单霁翔：理解这些成语，需要两方面的知识。一方面是古建的知识，比如雕梁画栋、飞檐走壁，这里的梁、栋、檐、壁都是建筑的一些组成部分，梁就是架在墙上或者是柱子上的横木，栋就是房屋最高处的脊檩（正梁），也是起支撑作用的。所以古人说的雕梁画栋，即用彩绘装饰的梁、栋，形容建筑富丽堂皇。另一方面要理解

3

的是，栋、梁都是起到支撑作用的最重要的物件，所以还有一个成语叫栋梁之材。

雕梁画栋

蒙曼：这道题里面有六个成语，至少三个能够在诗词里找到出处：第一个，曲径通幽出自"曲径通幽处，禅房花木深"；第二个，雕梁画栋出自"画栋朝飞南浦云，珠帘暮卷西山雨"；第三个，琼楼玉宇出自"又恐琼楼玉宇，高处不胜寒"。所以说中华文化的方方面面都是相通的，当你把它作成诗的时候，它就舒展开了，当你把它化作成语的时候，它就浓缩起来了。我们的成语绝大多数是四个字，可以想见，多少典故、多少文化都融入到了四个字之中，这就是收放自如，收放自如也是中国特色。

答案：
雕梁画栋、曲径通幽、飞檐走壁、
登堂入室、八面玲珑、琼楼玉宇

第二题　连连看

题目1：请把成语中的字填写正确。

凿（　　）偷光

东（　　）事发

汗牛充（　　）

题目2：请把下列成语和相关人物进行连线。

凿（　　）偷光　　　　秦桧

东（　　）事发　　　　柳宗元

汗牛充（　　）　　　　匡衡

嘉宾点评

蒙曼：柳宗元是唐宋八大家之一，他曾受一个姓陆的人家委托，给他们的爸爸（陆文通，当时的一个大儒）写一个墓表，就是《陆文通先生墓表》。墓表要表扬他什么？一定要表扬他学问好，学问从哪儿来？那一定是因为念书多。所以，当时柳宗元就写了这么一句话，叫作"处则充栋宇，出则汗牛马"，意思是说，如果把他们家的藏书放到屋里，能一直摞到房梁上去，如果他们搬一次家，让牛、马来搬这些书，那牛、马就要累出汗了。"汗牛充栋"是把这两种情况合在一起了。成语最大的特点是什么？是它的凝练性。汗牛充栋，这是一个特别有文化内涵的成语。

单霁翔：通过这些成语，我们知道建筑不仅是遮风避雨的空间，同时也是很多文化事件的载体。每一道墙、每一扇窗、每一块砖、每一片瓦，都有很多内涵丰富的历史故事，尤其通过这些古代建筑，我们在理解相关成语的时候，就会有更深刻的感受。

答案：

凿（壁）偷光 ——— 匡衡
东（窗）事发 ——— 秦桧
汗牛充（栋）——— 柳宗元

第三题　一起来找茬

请从中挑出三个错误成语。

高屋建领	定海神针	废寝忘食	锲而不舍
腾云驾雾	鸿鹄之志	篷荜生辉	夙兴夜寐
东山再起	含饴弄孙	鸿雁传书	朝秦暮楚
百步穿杨	驷马难追	飞檐走壁	美伦美奂
投笔从戎	大刀阔斧	登堂入室	千锤百炼
金刚怒目	求同存异	掌上明珠	破镜重圆

嘉宾点评

蒙曼：我觉得这道题出得特别好，它把建筑的三个层次都说出来了。先说蓬荜生辉，蓬荜是什么？蓬是蓬草搭的房子，荜是竹篱笆圈的墙，蓬荜指的就是一个平民老百姓家的房子，大人物去了，蓬荜生辉。如果是大户人家，就可以用高屋建瓴这个成语中的"高屋"了。最后说美轮美奂，这样的房子就一定得是更高级别的了。这里有一个典故，晋国献文子（赵武）建了一个华堂，建得太大了，大家就觉得这个身份是不是没把握好，献文子是一个卿，怎么能把自已的房子建得跟王的一样大呢？所以有人就跟他讲，"美哉轮焉，美哉奂焉。歌于斯，哭于斯，聚国族于斯"。意思是，这个房子好大啊，这个房子好漂亮啊，你们就在这儿祭祀，你们就在这儿送葬。那么美轮美奂形容什么？一定是形容这种大得不得了的华屋，也就是说要宫殿级别的才行。所以这三个成语，从一般的平民百姓，到高门大族，再到王公贵族，把建筑形态的层次给梳理出来了。

单霁翔：还有一些跟古建筑有关的成语，比如钩心斗角，原本正是指建筑的檐角或檐角的结构之间相互搭接，形成精巧咬合、交错呼应的形态。这个成语形容建筑的柱和柱、角和角相对比较密集，产生了古建筑群的一种特殊景观——钩心斗角。它用来形容建筑群，而不是独立的一栋建筑。

钩心斗角

答案：
高屋建领（应为"瓴"）
篷荜生辉（应为"蓬"）
美伦美奂（应为"轮"）

第四题　情景题

题目1

圜丘

蒙曼：说起咱们中国古代建筑的巅峰之作，北京中轴线上的建筑那才叫洋洋大观。它首先有殿，然后有楼，有阁，还有最小的亭。我现在所在的天坛是中国古代祭祀性的大型建筑群。进入天坛肯定得先看圜丘，这个圜丘的三层建筑都是圆的，这叫作天圆地方，代表了中国古代对于天跟地的认识。来到祈年殿，首先看外面有十二根大柱子，这代表十二时辰，往中间走，又有十二根大柱子，代表的是十二个月，再往中间走，有四根柱

子，代表的是一年四季。所以整体上看，它用天道来呼应人事，这叫作天人合一。大家再看那个彩绘，叫作龙凤合喜、雕梁画栋。

现在问题来了，我们刚才看了那么多古建筑，请问以下哪个成语没有涉及古建筑？

A.钩心斗角　　　　B.五脊六兽　　　　C.鳞次栉比

= 嘉宾点评 =

蒙曼：鳞次栉比这个成语可以追溯到《诗经》里的一个名篇，讲当时大家迁居，种的庄稼"其崇如墉，其比如栉"，说它整整齐齐地排列在那儿，就像梳子的齿一样，这句话本不是形容古建筑的。钩心斗角、五脊六兽这两个成语：只有通过一个古建筑群，才能看到钩心斗角的那种彼此呼应的关系；至于五脊六兽，那得是上到太和殿那样级别的，我们才能够看到它的正脊如何，它的垂脊又如何，那些鸱吻又如何，现在的建筑已经不用这些结构了。所以审视这个题目，涉及古建筑的只能是前面两个选项。

五脊六兽

单霁翔： 中国的古建筑真的是丰富多彩，视频中有一个画面是天坛的祈年殿，天坛是北京中轴线（2024年被列入《世界遗产名录》）的构成要素。如果大家沿着中轴线行走，很多古建筑就会映入眼帘。我们从永定门最南端的正门出发，向北走1500米，东面就是天坛，

永定门

西面是先农坛。从天桥往北走1500米是正阳门。再往北，从正阳门到故宫的午门这1500米，就是中华人民共和国成立以后整修的、世界最大的广场——天安门广场，但天安门广场周边的建筑，无论是1958年建成的人民英雄纪念碑、1977年建成的毛主席纪念堂，还是1959年建成的今中国国家博物馆和人民大会堂，都运用了中国古代建筑的形式，体现着古代建筑的内涵。再往北走，从故宫的午门到景山的北门这1500米，就是世界最大规模的中国古代建筑群——故宫，是昔日的紫禁城和古典园林。再往北走，从景山北门到钟鼓楼前这1500米，能看到北京社会生活的景象，东面是元代以来形成的

故宫

传统胡同,西边是古典园林,正中就是钟鼓楼。这7.8公里长的中轴线,每走一段,景象都不同,很多景观都是由中国古代建筑借各种形式所形成的。你瞧两侧平缓开阔的对称格局,中轴线上丰富的景观——景山、钟鼓楼、永定门……这样的天际线,蕴含着中轴线独特的文化,是中和文化的汇聚。

由景山向北眺望

钟楼、鼓楼

答案：

C.鳞次栉比

题目2

瓦

单霁翔：我三个月大的时候就到了北京。北京有一句俗话"有名的胡同三千六，没名的胡同赛牛毛"，你瞧这地方有一个微花园，这柱子上写着老舍先生的一句话"新梦是旧事的拆洗缝补"。四合院就是在不断变化、不断更新的过程中，保留了它的一些历史。咱们去一下史家胡同博物馆，这里有一个大沙盘，反映的就是北京胡同四合院的面貌。我们编制了二十五片历史文化保护区，能够保护一万五千组北京传统的四合院建筑。屋顶上就是北京传统的四合院的瓦，过去孩子淘气，大人就说"你三天不打，就上房揭瓦"，指的就是屋顶上的瓦。

关于屋顶上的瓦，也有很多成语。下面我说三个成语，大家猜一猜，哪个是今天我们看到的这种瓦？

　　A. 土崩瓦解的"瓦"
　　B. 瓦釜雷鸣的"瓦"
　　C. 弄瓦之喜的"瓦"

嘉宾点评

蒙曼： 第三个选项，弄瓦之喜，是说生女儿。古代得了男孩叫弄璋之喜，得了女孩叫弄瓦之喜。为什么？璋是玉佩，得了男孩，希望他以后做官，所以是弄璋之喜。得了女孩，希望女孩干什么呀？在家纺织。瓦是什么？是纺轮。在古代，女孩的前途就是在家里从事家务劳动，这叫弄瓦之喜。第二个选项是瓦釜雷鸣，它前面还有半句，叫作"黄钟毁弃"，有黄钟这么好的乐器不用，却拿着做饭用的瓦盆当当敲，让它发出像雷鸣一样的声音。这比喻不任用人才，该在这儿的不让他在这儿，却把不该在这个位置的人扶到这儿来了，这就叫作"黄钟毁弃，瓦釜雷鸣"。这里的"瓦"其实是陶盆。第一个选项土崩瓦解是什么？如土一样分崩，如瓦一样分解。瓦在烧制的时候是连在一起的，把它分开就叫作瓦解。所以土崩瓦解的"瓦"指的正是房子上用的瓦，人们创造出这个成语也是从真实的生活中得到的灵感。

单霁翔：在胡同里、四合院里有很多的生活智慧，这些生活智慧一方面是为了自己生活得方便，一方面也要与人方便。这里面也有成语，比如拐弯抹角就是胡同的语言。胡同比较狭窄，人多了，车多了，牲畜拉的车辆拐弯的时候就容易撞墙角，通行不方便，自己家的房子也会受到损坏。人们往往就把墙角的部分修成一米多高的斜面或圆弧，这样通行起来方便，自己家的墙也不会被撞坏了，这就是双赢。再比如门当户对这个成语，男女婚嫁，看对方是不是跟自己家合适，一看房子就能基本知道。比如看他家的门墩是圆的还是方的，圆的代表武将，方的像一个印章一样的是文人。总之，通过观察四合院的布局和特征，能看出这家是什么样的人家。

答案：

A. 土崩瓦解的"瓦"

二、青铜器

第一题　消消乐

请从以下二十五宫格中选出成语。

近	鼎	爵	车	破
镜	前	重	筹	抽
薪	觥	之	圆	官
立	底	错	交	釜
三	加	鉴	足	进

嘉宾点评

单霁翔：很多成语都包含过去、甚至现在仍在用的一些生活用具。比如敝帚自珍这个成语，"帚"就是我们平常扫地、扫床的扫帚。当然这道题中的觥筹交错，就有点"高大上"了，觥是酒器，是有一定经济条件的人家才能使用的器物。这些器物不仅具有它们原本的功用，还体现着我们的生活智慧，更传播着我们的深厚文化。

蒙曼：这样的成语其实不少，比如半丝半缕，"半丝半缕，恒念物力维艰"，一点点丝线也要珍爱，针头线脑也要收集起来。我们中国人的智慧就是这样，"宁省囤尖，不省囤底"。

答案：
觥筹交错、三足鼎立、釜底抽薪、
加官进爵、破镜重圆、前车之鉴

第二题　连连看

题目1：请把成语中的字填写正确。

一代枭（　　）

饕餮之（　　）

心有灵（　　）

题目2：请把下列成语和对应的图片进行连线。

一代枭（　　）　　饕餮之（　　）　　心有灵（　　）

成语探华夏

嘉宾点评

蒙曼：古代，饕餮不是一个好词，无论是贪吃还是有贪欲，都不是正面的意义。商朝青铜器上的这个纹饰显得蛮凶的，它有一种狞厉之美，人面、羊身、虎齿……它是一种怪兽的形象，有着暴出来的眼睛、特别大的嘴。把这个东西摆在这儿，是要人害怕，不仅仅害怕这个器物，还要害怕使用这个器物的人。至于枭尊，它代表什么？枭是猫头鹰，它跟东方的鸟图腾相关。有个词叫"枭雄"，为什么枭是雄？因为猫头鹰在我们的文化里很凶，无论是捕猎，还是对待自己族群内部，它都是很凶的。

王宁：早期西方的诗文当中，猫头鹰象征智慧。

蒙曼：太对了，雅典娜女神的爱宠就是猫头鹰，西洋文化和东方文化不一样，他们说猫头鹰象征智慧，我们认为猫头鹰象征凶残，所以说"一代枭雄"。最后说犀是什么。从这里可以看到古今的气候变化，在更早的时候，华夏大地其实还是有犀牛生活的，所以古人把这样的一个形象放在青铜器上，也放在各种各样的诗文之中。李商隐讲"身无彩凤双飞翼，心有灵犀一点通"，他怎么知道还有这样的一个东西呢？因为在更早的时代，比方说商周时代，那个时候天气更暖一些，人们可能真的看到过犀牛。所以你看青铜器里有什么？青铜器里有文化史，还有自然史。

单霁翔：对，但今天人们还是向往美好，向往和谐，所以慢慢地，这些动物的形象也在不断变化。最早的龙的形象出自玉器，比如距今五千年的文物"中华第一龙"——玉龙。青铜器出现了以后，就开始有龙的狰狞的面部，但是没足没脚。到了春秋战国的时候，龙就开始有我们现在熟悉的龙形了，甚至开始有"游龙"，有足有脚，成为可上天入地的意象。一直到宋代，才定型为我们今天看到的龙的形象。青铜器的形制也在不断地变化，因此，看青铜器的纹饰、造型就能够知道它出自哪个时代，人们怎样使用它。

陈容《九龙图》（局部）

答案：
一代枭（雄）　　　饕餮之（徒）　　　心有灵（犀）

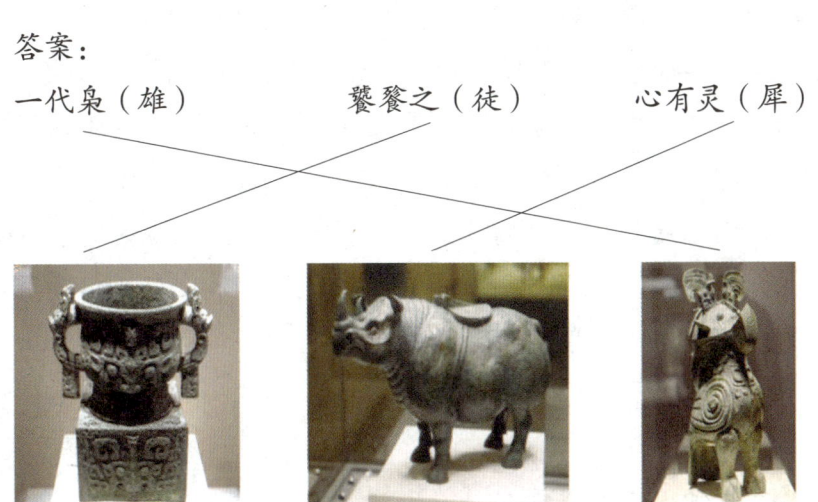

第三题　一起来找茬

请从中挑出三个错误成语。

腾云驾雾	千锤百炼	掌上明珠	驷马难追
幕鼓晨钟	鸿鹄之志	求同存异	铜壶滴镂
东山再起	破镜重圆	鸿雁传书	朝秦暮楚
废寝忘食	锲而不舍	飞檐走壁	夙兴夜寐
投笔从戎	大刀阔斧	金刚怒目	定海神针
登堂入室	声歌鼎沸	百步穿杨	含饴弄孙

嘉宾点评

蒙曼：暮鼓晨钟，这个暮不是帘幕的幕，是日暮的暮，这是古代计时的方式，早晨的时候敲钟，晚上的时候打鼓，这说明那个时候是有夜禁制度的，后来寺院也有类似的制度。我们经常听到暮鼓晨钟、铜壶滴漏这些成语，有时候一看字大致都对，但是要知道这个"漏"是水滴下来，是漏水的漏，而不是镂金错彩的镂，不是雕刻意思的镂。笙歌鼎沸，是鼓瑟吹笙的笙，最早的时候，笙、歌就是乐器和歌声，它们一起构成了沸腾的欢乐场面。但是如果要用这个声音的"声"的话，我们虽然可能不觉得它有特别的违和之感，但是用字是不对的。所以这些是考细节的。

答案：

幕鼓晨钟（应为"暮"）

铜壶滴镂（应为"漏"）
声歌鼎沸（应为"笙"）

第四题 情景题

题目1

蟠螭纹附耳三足铜鼎（现藏邯郸市博物馆）

单霁翔：这是战国年间的一个器物。跟咱们平时印象中的鼎有所不同的是，它有一个覆盘形的盖子，所以也被叫作盖鼎。我们看到这件器物上有两个小耳朵，叫附耳，可以用来当把手，握在这里，就可以把鼎端起来。所以这个鼎会被古人放到很多重要的场合来使用。

我出一道题来问问咱们的选手，这个鼎最有可能的作用是什么呢？

A. 敬天法祖　　　　B. 推杯换盏　　　　C. 秉烛夜游

答案：

A. 敬天法祖

题目 2

蟠螭纹附耳三足铜鼎（局部）（现藏邯郸市博物馆）

单霁翔：大家看这个铜盖鼎，这些花纹可不是直接在鼎上刻出来的，而是先把花纹刻在模子上，然后注入青铜熔液，熔液冷却之后，打碎模子，取出青铜器，鼎的表面就翻铸出花纹来了，只不过和模子上的凸凹正好相反。这种制造工艺，不仅限于青铜鼎，还用于其他青铜物品，比如刀剑、箭镞、车马饰物。

那么，下面哪个成语的本义包含了用模子铸造青铜器物的过程？

A. 范金合土　　　B. 奉为楷模　　　C. 画影图形

= 嘉宾点评 =

单霁翔：我们看青铜器有比较简捷的方法，就纹饰来说，一般有三种：第一种是动物的纹饰，比如饕餮纹，第二种是植物的纹饰，第三种是几何图案。青铜器的历史价值，今天通常都是从礼器的角度来解释。

王宁：奉为楷模和画影图形这两个成语，是不是跟用模具来制作一些器物有一定的关联？

蒙曼：楷就是法式，我们现在标准的楷书就是奉为法式之书，但是它跟青铜器铸造没有关系。"楷模"现在我们取它引申的意思，即榜样、规矩。画影图形更是这样，它跟绘画艺术直接相关。跟金属冶炼、范铸法直接相关的肯定只能是A选项，就是范金合土，制作模子的时候要有土的参与，用土来做成模子，最后要熔铸的是金属本身。

范金合土

答案：

A. 范金合土

三、玉器

第一题　消消乐

请从以下二十五宫格中选出成语。

不	合	金	中	辉
浦	奇	碧	玲	珑
珍	透	瑜	异	璀
掩	璨	目	还	瑕
珠	宝	煌	夺	剔

嘉宾点评

王宁：我们可以看到，成语当中金和玉好像总在一块儿。

蒙曼：金科玉律、金声玉振、金风玉露、金口玉言……好多好多。古代最值钱的东西是什么？是金和玉。我们也讲"黄金有价玉无价"，因为玉在中国有文明的象征，玉能比德，玉象征着君子人格，所以无故玉不离身，君子要佩玉，玉是一个非常贵重的东西。还有什么贵重？还有黄金也是贵重的，古人也认为金子非常珍贵，要不海昏侯墓怎么会有那么多马蹄金，还有汉朝人丧葬用的金缕玉衣怎么不是用其他的金属？因为金子是贵金属，玉也是非常贵重的，这两个一刚一柔，或者一个需要锻造，一个是天然形成的，这样一种搭配是非常宝贵的。

马蹄金

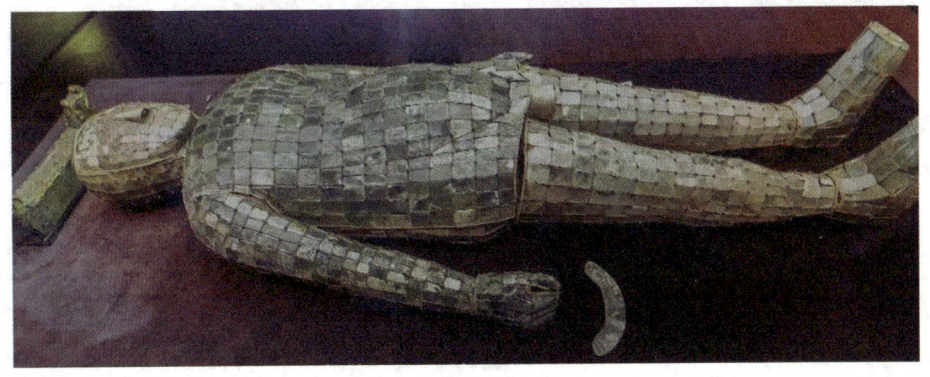

金缕玉衣

单霁翔：只有金太单调了，加上玉，一硬一软，这样形成的成语才更加漂亮。在青铜没有出现之前，玉器是最早的工艺品，无论是红山文化、良渚文化，还是凌家滩文化出土的玉器，都是今天的国宝级文物。玉器在生活中也有很多的应用。

答案：
合浦还珠、玲珑剔透、璀璨夺目、
金碧辉煌、奇珍异宝、瑕不掩瑜

第二题　连连看

题目1：请把成语中的字填写正确。

对牛弹（　　）

胶柱鼓（　　）

滥（　　）充数

题目2：请把下列成语和相关人物进行连线。

对牛弹（　　）　　　　赵括

胶柱鼓（　　）　　　　公明仪

滥（　　）充数　　　　南郭先生

◆ 嘉宾点评 ◆

蒙曼：我相信所有人最熟的应该是南郭先生的故事——滥竽充数。胶柱鼓瑟这个成语可以联想，大家知道，赵括是著名的纸上谈兵之人，后来也因此导致了战场上的大败。他那么地能侃侃而谈，到战场上反倒不行，其实就跟胶柱鼓瑟是一样的，看起来这瑟蛮好的，但是把柱子给粘住，再想鼓瑟就鼓不好了，因为用胶粘住，它就不够灵活了。赵括也是如此，他不能够把自己所学的东西真正用在战场上，这是一个很好的联想。对牛弹琴这个成语说的是，公明仪对牛弹清角之操这样一种非常高雅的音乐，结果那些牛该吃还是吃，该喝还是喝，都没有看他一眼。后来他改弹蚊子、牛虻的声音，这些牛一听就有感觉了，甩着尾巴赶蚊虫。然后他再弹小牛饥饿的时候想找妈妈发出的声音，母牛感受到了，赶紧去四下寻找它的小牛犊。我们用什么去打动人心？要用真正能够理解的方式，否则我们自己在这儿滔滔不绝，别人看来却是对牛弹琴。那你说是牛错了吗？牛没有错，是你错了。

单霁翔：对牛弹琴、滥竽充数、胶柱鼓瑟，这三个成语跟乐器有关。其实乐器方面的成语还有很多，比如一鼓作气说鼓、鸣锣开道说锣、钟鸣鼎食说钟，这些乐器有各自的声音，都可以在成语中有很多表现。比如余音绕梁，我就觉得这特别美，礼乐好像就是这种余音绕梁的声音，它是安静的、庄重的。

蒙曼：礼和乐在中国是什么关系？礼是把人和人分开的，乐是把人的心合起来的。五音也好，七音也好，弹奏出来的是美丽的乐章，相反，如果只有一个音，那是噪音，所以一定要有宫商角徵羽这样的配合。

答案：
对牛弹（琴） —— 赵括
胶柱鼓（瑟） —— 公明仪
滥（竽）充数 —— 南郭先生

第三题　一起来找茬

请从中挑出三个错误成语。

夙兴夜寐	别俱一格	废寝忘食	投笔从戎
千锤百炼	朝秦暮楚	驷马难追	鸿雁传书
百步穿杨	破镜重圆	粉雕玉啄	鸿鹄之志
掌上明珠	锲而不舍	登堂入室	腾云驾雾
求同存异	大刀阔斧	金刚怒目	东山再起
飞檐走壁	含饴弄孙	定海神针	完璧归赵

成语探华夏

嘉宾点评

蒙曼：粉雕玉琢，琢当然是"如切如磋，如琢如磨"的琢，因为是琢玉，所以是斜玉旁，肯定不是口字旁。完璧归赵，肯定不是墙壁的壁，是玉璧的璧，只要看到了就能选出来。

答案：
别俱一格（应为"具"）
粉雕玉啄（应为"琢"）
完壁归赵（应为"璧"）

第四题　情景题

题目1

铜鎏金嵌玉三龙形饰（现藏邯郸市博物馆）

单霁翔：这个展厅呈现的就是春秋战国时期邯郸的辉煌。邯郸是赵国的都城所在地，也是那时候的政治、经济、文化中心。这件馆藏应该是两千多年前战国时

期的器物，一个不大的器物上有三条龙，各具风采。它用了四种材料，上面有一块玛瑙，青玉雕刻的这条龙在中间，流线形的身体，上面雕饰着当时最流行的纹饰——谷纹，象征着万物的复苏。下面这条龙铸有卷云纹，也很漂亮。

下面哪个成语，最有可能形容这个器物上人们对于龙的美好期待呢？

A. 风调雨顺　　　　B. 变化无穷　　　　C. 威震天下

= 嘉宾点评 =

蒙曼：我其实特别喜欢在博物馆看龙，因为那些文物精雕细琢，像刚才所说的那样。题目里的这个器物是一个汉墓里出土的，但它本身是战国时期的龙，那个时候人们对龙的想象是什么？风调雨顺固然是，因为龙生于水，所以龙是管施云布雨的。第二个选项，龙是最能变幻无穷的，它是鳞虫之长，说是"能幽能明，能细能巨，能短能长，春分而登天，秋分而潜渊"，它是最能变化的。第三个选项——威震天下，在市井中，我们看到的是龙王庙，但是如果放到我们的政治文化里，龙是皇权的象征。这些其实都是龙的象征，但是为什么这道题一定要选风调雨顺？因为它需要跟我们所有的老百姓都有关系，我们过去是一个农业民族，什么样的事情跟所有的老百姓都有关系？风调雨顺才跟我们有关系，所以我们要选风调雨顺。

单霁翔：龙的寓意就是五谷丰登、风调雨顺，龙在成语中用的也是很多的，比如飞龙在天、龙凤呈祥等。今天我们科技高速地发展，我们的大国重器很多也是用龙来命名，比如我们的蛟龙号、雪龙号。蛟龙号居然能够下潜到水下数千米，来探索未知世界，来给人们揭示地球的奥秘。而雪龙号，能够到南极破一米多厚的冰。其实它们都体现了龙的特色。

王宁：龙福泽四海。过去我们觉得它是行于市井，后来发现它栖于殿堂，然后慢慢地发现它巧于民俗，好像中国的文化生活里面，龙无处不在似的，有它在就觉得特别积极、奋发、向上、明朗。

单霁翔：我们舞龙，祈求五谷丰登、风调雨顺；划龙舟，则使我们团结奋进，一往直前。我是属马的，属马当然得干活了，所以我一生在农村、在工厂、在各个单位，都是一直在干活，后来我到故宫博物院工作，我发现龙也得干活。龙生九子，有的驮着石碑，有的站在屋脊上，登高望着火情，都在干活，可见龙也在民间，龙也在人们生活中。

王宁：是的，而且龙的那种积极、奋发、拼搏的精神一直都被视为我们中华民族的坚毅性格。

答案：

A. 风调雨顺

题目2

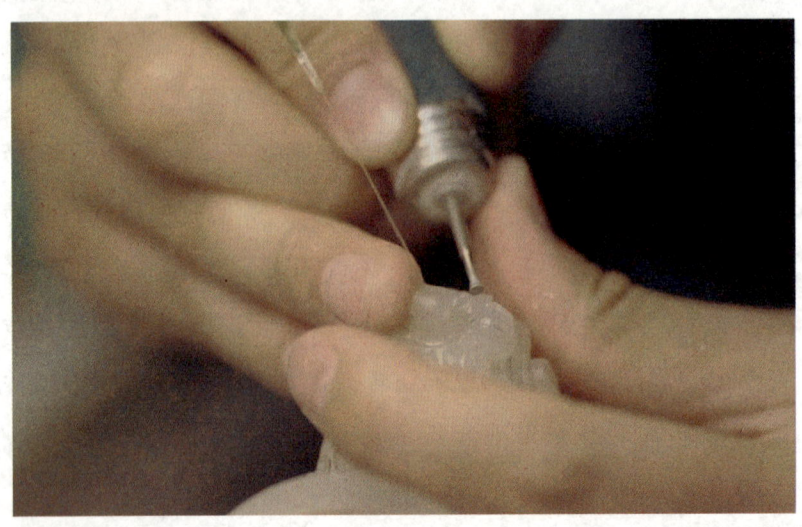

玉雕

张铁成：玉雕这项技艺传承了将近一万年。我20岁就开始学这个技艺了。玉，它特殊，它本身价值很高，想发挥它更高的价值，就要因材施艺。这里有一块籽料切开的一部分，我打算把它设计成一个器物。我运用了一种活链的技艺，使用这样的制作技艺，估计得花费一年的时间，谁也不能百分之百地保证它的成功。有一个成语叫作切磋琢磨，就是古人描述工匠加工器物的过程。

那么请问，刚刚我雕玉的过程，可以用"切磋琢磨"中哪一项来形容？

A. 切　　　　　B. 琢　　　　　C. 磨

嘉宾点评

蒙曼：说到这个特别有意思，切磋琢磨，是四个动词连到一块儿，所有四个动词连到一块儿的成语，差不多都可以去讲讲工匠精神。比方说切磋琢磨：骨头是切，象牙是磋，玉是琢，石头是磨。切磋琢磨，不同的材质要用不同的雕刻技艺，这是切磋琢磨。《诗经》里的这首诗就是讲君子人格的，"瞻彼淇奥，绿竹猗猗。有匪君子，如切如磋，如琢如磨"。用琢玉来讲人生的成长，讲人生的修为，所以君子要像什么？君子第一要比德于竹，要像竹子一样有节，所以"瞻彼淇奥，绿竹猗猗"；第二要比德于玉，因为玉是"如切如磋，如琢如磨"。像单院长说的那样，故宫的每一件工艺品，哪个不是精雕细琢的结果，君子哪是容易做到的？所以切磋琢磨才是君子。

王宁：这足见我们对君子的要求有多高。为什么我们今天选择了玉器这个主题？就是希望大家能够通过这些有关玉器的成语，来看今天所有的美德都是有来处的。我们常说"树高千丈有根，水流万里有源"，这个根其实一直蕴含在我们民族的信仰当中，是那种我们一直以来对于美好的向往，对于内敛、温润的坚守，还有对于坚韧、宁为玉碎不为瓦全的执着坚持。

答案：
B. 琢

四、雕刻艺术

第一题 消消乐

请从以下二十五宫格中选出成语。

琢	炼	化	青	雕
纯	出	巧	锲	千
精	火	入	进	而
不	锤	神	舍	夺
百	天	炉	工	细

— 嘉宾点评 —

单霁翔：我的夫人是120急救中心的，已经退休多年了。她以前很少在家，要经常值班。因为120急救是紧急的，要迅速地赶到病人的地点，一旦抬到急救车上就要开始救治了，而不是送到医院再救治，所以先期要准确地判断用什么样的措施来稳住病情，应该上哪个医院，这些就是巧夺天工，也是一种工匠精神。

答案：

锲而不舍、巧夺天工、千锤百炼、

出神入化、炉火纯青、精雕细琢

第二题　连连看

题目1：请把成语中的字填写正确。

入（　　）三分

有（　　）有眼

画（　　）点睛

题目2：请把下列成语和对应的艺术形式进行连线。

入（　　）三分　　　　书法

有（　　）有眼　　　　壁画

画（　　）点睛　　　　戏曲

嘉宾点评

蒙曼：说王羲之的书法入木三分也罢，力透纸背也罢，都体现出我们希望人写字是刚健有力的，也希望做人是刚健有力的。戏剧有板有眼，或者一板一眼，是说戏剧需要有节奏感，我们的人生也需要走出节奏感，我们做事要有板有眼。那么画龙点睛是什么？画龙点睛本来是形容壁画的。传说南朝张僧繇在金陵安乐寺画了一条龙，就是不肯点眼睛，说一点眼睛龙就飞了，谁都不信，后来点上眼睛，龙果然就飞了。所以画龙点睛的"睛"是一个最精彩的存在，让整体活起来了，画面盘活了，事业也盘活了，人生也盘活了。

单霁翔：书法、绘画，还有戏曲，这些都可以通过成语来描写它最精绝的部分。其实我们的古代艺术传承至今的还有很多，在音乐、雕塑、建筑、舞蹈等领域也有很多成语。比如音乐，高山流水表达一种意境；雕塑，说它栩栩如生；建筑，说它美轮美奂。所以每一个艺术门类，都有很多生动的成语来对它进行总结，使人们热爱这些艺术，使这些艺术能够走进我们的日常生活。有一件绘画作品可能大家都知道，叫《千里江山图》。2013年我们对它进行了测验、体检，认为它还是比较健康的，石青、石绿还是很鲜艳，于是就将其中一段进行了一次展示。2017年，《千里江山图》全卷打开了，引起轰动，媒体报道以后，世界各地的年轻人蜂拥而至，从早晨到闭馆，一直争先恐后地来看这幅绘画。另外，我们事先设计了100多种文化创意产品，使《千里江山图》走进千家万户。这样一幅绘画，蕴藏着艺术的奥秘，展现了艺术的价值，它会丰富我们的日常生活。

王希孟《千里江山图》（局部）

王宁：为了让艺术真的能够走入人的生活和心灵，需要这样的慢功夫、笨功夫，久久为功，绵绵用力。

蒙曼：如果要用一个成语来形容单院长，我想到的是剑胆琴心。单院长做了那么多贡献,他在故宫主持工作,把很多地方开放给公众,这是不是剑胆?把那么多美的东西展现给所有人,让那么多人感受到中国的文物之美、文化之美,这是不是琴心?所以是剑胆琴心的单院长。

答案:

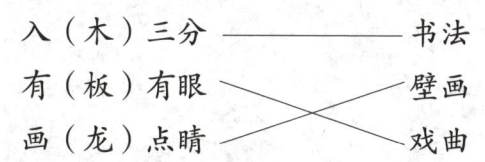

入(木)三分 —————— 书法
有(板)有眼 ╳ 壁画
画(龙)点睛 ╱ 戏曲

第三题 一起来找茬

请从中挑出三个错误成语。

定海神针	求同存异	掌上明珠	大刀阔斧
腾云驾雾	破镜重圆	飞檐走壁	惟妙惟俏
鸿雁传书	诩诩如生	朝秦暮楚	鸿鹄之志
废寝忘食	夙兴夜寐	登堂入室	千锤百炼
混然天成	投笔从戎	金刚怒目	东山再起
驷马难追	含饴弄孙	锲而不舍	百步穿杨

答案:

惟妙惟俏(应为"肖")

诩诩如生(应为"栩栩")

混然天成(应为"浑")

成语探华夏

第四题　情景题

题目 1

邯郸响堂山石窟

单霁翔：响堂山石窟了不起，它是中国三大皇家石窟之一。我们看迎面这尊造像，它高达 3.5 米，端坐在帷幕形的佛龛中，脸颊圆润，嘴角含笑。请大家注意看它的衣服，像是紧贴在身体上的，它形成了一种特定的风格，人们会用一个成语来形容这种风格。

我给大家一些提示，这个成语其实原本不是用来形容造像的，它是用来形容绘画的。请大家猜猜是以下哪一个成语。

A. 曹衣出水　　B. 吴带当风　　C. 天衣无缝

=== 嘉宾点评 ===

蒙曼：曹衣出水的"曹"是指谁？是曹仲达，他是昭武九姓人。昭武九姓是活跃在东西方商道上往来奔波的群体，丝绸之路上背着口袋行路的那些人就是他们，他们不光传播商品，还传播精神。曹衣出水就是说曹仲达所画的佛像，就像刚从水中出来一样，衣服紧贴着身体，所以这题该选"曹衣出水"。吴带当风的"吴"是指谁？吴道子。吴道子就不一样了，他画的衣服就像要飘起来了一样，飘飘欲仙。这是两种状态。

答案：

A. 曹衣出水

题目2

邯郸响堂山石窟

成语探华夏

单霁翔：北齐响堂山的造像，衣纹更加繁复飘逸，配饰也更加华丽，均向腹部平缓地中垂。大佛的体态非常圆润，面部丰满，高鼻长目，面带笑容，整体造型给人一种厚重有力的感受，这种变化直接影响了唐宋时期佛造像的审美。

如果用一个成语来形容这种造像的风格，你们觉得以下哪个成语更适合？

  A. 婀娜多姿   B. 雍容华贵   C. 威风凛凛

嘉宾点评

单霁翔：响堂山石窟真的很了不起，它是国务院公布的第一批全国重点文物保护单位。它体现着石窟艺术延续过程中承上启下的一种风格，所以它既有北齐雕塑的古朴端庄，又有唐代石窟造像的圆润丰满，在这方面它是一处独特的大型石窟。虽然没有像敦煌、云冈、龙门石窟那样，有那么多人参观，但它其实是一处能让我们对传统文化有深刻理解的、教科书式的石窟，我希望今年大家一定抽出时间去一下响堂山石窟。

大同云冈石窟

洛阳龙门石窟

蒙曼：佛教从印度开始传播，到犍陀罗，然后到中国的新疆，沿河西走廊向青海、甘肃一带传播，这里可以看到天水麦积山石窟、炳灵寺石窟等。到陕西，可以看到彬州的大佛寺。到山西、河北这一

天水炳灵寺石窟

带，这里最重要的佛教建筑就是这个响堂山石窟，南窟、北窟、小窟都是那么精彩，这是因为它跟丝绸之路是有关系的。整个佛教的传播，就是东西方文化交流的结果。那个时候，佛教从西向东传的同时，佛教的造像艺术也从西向东传，丝绸之路沿线的人民为此做出了巨大贡献。

王宁：刚才蒙曼老师跟单院长都谈到了特别重要的，也是在石窟文化当中能充分体现出的中华文明五大特性，就是连续性、创新性、统一性、包容性和和平性，这些都是在石窟一点一滴的细节当中体现出来的。所以我们的文化自信从何而来？在我们的行走中，在我们的书画里，在我们的成语中。

答案：
B. 雍容华贵

第一期　物华天宝

第二环节　扶摇直上

在本环节中，两组选手将进行快问快答的比拼，每答对一题加 1 分。答错则将答题权转交给另一组，依此循环，率先得到 20 分的一组胜出。

快问快答　　　　　　**先知先觉**

1. 琳琅满目中的"琳琅"指的是精美的玉石，还是珍贵的珠宝？
答：精美的玉石。　✔

> 满眼都是美玉，形容美好的东西很多。琳琅：美玉。

2. 物阜民丰中的"阜"是稀少，还是丰富的意思？
答：丰富。　✔

> 物产丰富，人民富足。阜：（物资）多。

3. 天府之国指的是今天的四川，还是浙江？
答：四川。　✔

> 指土地肥沃、物产丰富的地方。诸葛亮《隆中对》称四川为"天府"："益州险塞，沃野千里，天府之土。"

4. 成语金玉锦绣出自张仪，还是苏秦？
答：张仪。　✘（正确答案：苏秦）

> 指精美珍贵的东西。《战国策·秦策一》（苏秦）曰："安有说人主，不能出其金玉锦绣，取卿相之尊者乎？"

5. 钿合金钗最早指谁的定情信物？
答：唐玄宗与杨贵妃。 ✓

> 钿合：镶嵌金、银、玉、贝的首饰盒子。唐·白居易《长恨歌》："唯将旧物表深情，钿合金钗寄将去。"

6. 管窥蠡测中的"蠡"指什么？
答：一种长度的测量工具。 ✗
（正确答案：瓢）

> 从竹管里看天，用瓢量海水。比喻眼界狭窄，见识短浅。蠡：瓢。

7. 炉火纯青最早与什么活动有关？
答：炼丹。 ✓

> 相传道家炼丹，炼到炉里发出纯青色的火焰就算成功了。比喻功夫达到了纯熟完美的地步。

8. 琴瑟之好常用来比喻什么人的情感和谐？
答：夫妻。 ✓

> 琴、瑟合奏，声音和谐。用来比喻夫妻间感情和谐。

9. 鱼传尺素中的"尺素"指的是书信，还是绘画？
答：书信。 ✓

> 指传递书信。尺素：古代用绢帛书写，通常长一尺，因此借指书信。

10. 光风霁月中的"霁"指的是什么样的天气状况？
答：雨后天晴。 ✓

> 雨过天晴时万物的明净景象。霁：雨后天晴，泛指风霜雨雪停止，天气晴好。

11. 曲高和寡中的"曲"指的是什么？
答：《阳春》《白雪》。 ✓

> 曲调高深，能跟着唱的人很少。

12. 金乌玉兔中的"金乌"指的是什么？
答：太阳。 ✓

> 古人认为日中有金乌，月中有玉兔，所以用乌、兔代表日、月。

13. 觥筹交错中的"觥"是用来盛水的，还是盛酒的？
答：盛酒的。 ✓

> 酒杯和酒筹交互错杂，形容许多人相聚饮酒的热闹场面。

14. 笔力千钧中的"钧"指什么？
答：一种重量单位。 ✔

> 形容书法写得刚劲有力。钧：古代重量单位，一钧等于三十斤。

15. 琼浆玉液中的"琼浆"是指美酒，还是好茶？
答：美酒。 ✔

> 用美玉制成的浆液，传说喝了可以成仙。比喻美酒或甘美的浆汁。

16. 翩若惊鸿中的"鸿"指的是老鹰，还是大雁？
答：大雁。 ✔

> 比喻女子的体态轻盈。惊鸿：惊飞的大雁。

17. 春华秋实中的"华"是指花朵，还是美丽的风景？
答：花朵。 ✔

> 春天开花，秋天结实。比喻人的文采和德行，也比喻事物的因果关系。

18. 珠联璧合最初指的是什么？
答：国家之间的结盟。 ✘ （正确答案：天象）

> 原指一种日月重合、五星相连的天象。后多比喻美好的人或事物凑在一起。

19. 澄江如练中的"练"指的是绳子，还是白绢？
答：白绢。 ✔

> 练：洁白的熟绢。指清澈的江水，像一条白练一样。多指对江景的鸟瞰。

20. 高屋建瓴中的"瓴"指的是盛水的器具，还是屋顶的瓦片？
答：屋顶的瓦片。 ✘ （正确答案：盛水的器具）

> 在很高的屋顶上把水瓶里的水倒下来。比喻居高临下，势不可当。

21. 国色天香最初用来形容菊花，还是牡丹？
答：牡丹。 ✔

> 牡丹的别称，形容牡丹香色的可贵。比喻出色的佳人。

22. 黄钟大吕中的"黄钟"和"大吕"指的是什么？

答：乐器。 ✘ （正确答案：音律）

> 黄钟：阳律第一律。大吕：阴律第四律。形容音乐或言辞庄严、和谐。

23. 金声玉振中的"金声"是钟发出的声音，还是鼓发出的声音？

答：钟发出的声音。 ✔

> 以钟发声，以磬收韵，奏乐从始至终。比喻音韵响亮和谐；也比喻人知识渊博，才学精到。

24. 明镜高悬中的"明镜"最初是谁的镜子？汉武帝还是秦始皇？

答：汉武帝。 ✘ （正确答案：秦始皇）

> 传说秦始皇有一面镜子，能照人心胆。比喻官员判案公正廉明。

25. 不分轩轾中的"轩"指车顶前高后低，还是前低后高？

答：前高后低。 ✔

> 轩轾：比喻高低优劣。前高后低的车为"轩"，前低后高的车为"轾"。

26. 别出机杼中的"机杼"是指织布机，还是缝纫机？

答：织布机。 ✔

> 指写作另辟途径，能够创新。机杼：织布机。比喻诗文的构思和布局。

27. 白璧无瑕中的"璧"指的是什么形状的玉？

答：圆形的有孔的玉。 ✔

> 洁白的美玉上面没有一点小斑点。比喻人或事物十全十美。

28. 钩心斗角中的"角"指什么？

答：房屋的檐角。 ✔

> 原指宫室结构精巧工致。后用来指各用心机，互相排挤。

29. 褒衣博带最初是指什么？

答：儒生的装束。 ✔

> 着宽袍，系阔带。指古代儒生的装束。褒：衣襟宽大。

结　　语

单霁翔：今天参加《成语探华夏》节目，我真的学习了太多了，同时让我感动的是我们这些选手，他们在繁忙的工作、学习之余，能够掌握这么多传统文化的知识，呈现出这么好的状态。所以，我也要立誓，每天学一个成语，学它二十年，我能学习多少成语啊。

蒙曼：我特别喜欢今天的交流场，因为我感觉我们的每一位选手都是那么春风得意、风流倜傥，我们这个舞台既是风云际会，又是那么惠风和畅。折射出我们的祖国现在是物阜民丰、风调雨顺，所以回到今天这个大主题来——物华天宝、人杰地灵，果然是"数风流人物，还看今朝"。

王宁：今天我们用成语探华夏，不仅仅是探究了浩荡辉煌的古代华夏，更是一起探究了汹涌澎湃、与时俱进的今日华夏。从成语读懂中国、读懂来时路，更读懂我们的今天。

小游戏　成语接龙

请用给出的成语开始接龙。

【奇货可居】奇货：珍奇的货物；居：囤积，居物致富。把稀有罕见的货囤积起来，等价高时出售。比喻倚仗自己有某种专长或掌握某种事物，以图谋厚利。《史记·吕不韦列传》："子楚，秦诸庶孽孙，质于诸侯，车乘进用不饶，居处困，不得意。吕不韦贾邯郸，见而怜之，曰：'此奇货可居。'"

奇货可居→居安思危→危言耸听→听天由命→命若悬丝→丝丝入扣→扣人心弦→弦外之意→意在言外→外柔内刚

【价值连城】价：价格；连城：连成一片的许多城池。形容物品十分贵重。《史记·廉颇蔺相如列传》："赵惠文王时，得楚和氏璧。秦昭王闻之，使人遗赵王书，愿以十五城请易璧。"

价值连城→城狐社鼠→鼠窃狗偷→偷天换日→日薄西山→山高路险→险象环生→生离死别→别开生面→面授机宜

【瓦釜雷鸣】瓦釜：陶制的炊具。瓦锅中发出如雷一般的响。比喻平庸的人或事物受到重用而显赫一时。战国楚·屈原《卜居》："黄钟毁弃，瓦釜雷鸣；谗人高张，贤士无名。"

瓦釜雷鸣→鸣金收兵→兵精粮广→广结良缘→缘木求鱼→鱼龙

第一期 物华天宝

混杂→杂沓而至→至理名言→言传身教

【秉烛夜游】手执蜡烛，夜晚游乐。指及时行乐。《古诗十九首·生年不满百》："昼短苦夜长，何不秉烛游？"

秉烛夜游→游目骋怀→怀才不遇→遇难成祥→祥云瑞气→气壮山河→河决鱼烂→烂醉如泥→泥沙俱下→下不为例

【画影图形】影：图像；形：容貌。摹描人的相貌形态。古时悬赏通缉犯，都画其面相，然后到处张贴以便捕捉。元·施惠《幽闺记·图形追捕》："奉上司明文，遍张文榜，画影图形，十家为甲，排门粉壁，各处挨捕。"

画影图形→形影相吊→吊民伐罪→罪加一等→等量齐观→观者如市→市井小人→人杰地灵→灵蛇之珠→珠玉在侧

【变化无穷】变化多种多样，没有穷尽。战国楚·宋玉《高唐赋》："昔者，楚襄王与宋玉游于云梦之台，望高之观，其上独有云气，崪兮直上，忽兮改容，须臾之间，变化无穷。"

变化无穷→穷当益坚→坚信不移→移山倒海→海枯石烂→烂醉如泥→泥沙俱下→下笔千言→言外之意→意乱心慌

【威震天下】威：威势，威名；天下：指国家。这里指全国。威名震慑全国。汉·桓宽《盐铁论·非鞅》："蒙恬却胡千里，非无功也；威震天下，非不强也。"

威震天下→下里巴人→人生如梦→梦幻泡影→影单形只→只字不提→提心吊胆→胆大妄为→为人师表→表里相济

【吴带当风】唐代画家吴道子善画佛像，笔势圆转，所画衣带如被

45

风吹拂。后人用以赞美高超的画技与飘逸的风格。宋·郭若虚《图画见闻志·论曹吴体法》："吴带当风，曹衣出水。"

吴带当风→风流人物→物华天宝→宝马香车→车水马龙→龙眉凤目→目无余子→子虚乌有→有朝一日→日销月铄

【婀娜多姿】婀娜：轻盈柔美。形容轻盈柔美的姿态。清·张春帆《九尾龟》第二二回："虽不是什么国色天香，而顾盼之间，婀娜多姿，丰神绝世。"

婀娜多姿→姿态万千→千难万险→险象环生→生不逢时→时运不济→济困扶危→危言耸听→听而不闻→闻风丧胆

【威风凛凛】凛凛：严肃而可敬畏的样子。形容声势气派，令人敬畏。宋·吴自牧《梦粱录·州府节制诸军》："亲从对对，衫帽新鲜。士卒威风，凛凛可畏。"

威风凛凛→凛然正气→气宇轩昂→昂首阔步→步步为营→营私舞弊→弊衣疏食→食不果腹→腹心之患→患得患失

第二期 金戈铁马

想当年,金戈铁马,气吞万里如虎。
——宋·辛弃疾《永遇乐·京口北固亭怀古》

　　探成语故事,寻泱泱华夏。金戈铁马、气吞山河,这是成语里的豪迈;运筹帷幄、决胜千里,这是成语里的睿智;披坚执锐、捷足先登,这是成语里的英勇;所向披靡、高奏凯歌,这是成语里的胜利之光。今天我们将会聚焦与军事有关的成语,希望每位选手都能一语破的、马到成功!

主持人:王宁

成语探华夏

　　成语探华夏，华夏越千年。成语的历史就是华夏的历史，千千万万条成语汇聚起来，共同为我们描绘了辉煌灿烂的中国形象，为我们讲述了波澜壮阔的中国故事，也为我们展现了精深博大的中国智慧和蓬勃向上的中国精神。可谓华星秋月照四海，夏鼎商彝传九州。

——康震
北京师范大学文学院教授
博士生导师

　　康老师这番话说得真是震撼人心、震耳欲聋、震古烁今。所以我犹豫了，我到底应该说点波澜壮阔的，还是波澜不惊的，还是一波三折的呢？我和康老师是师兄弟，他在北师大，我在南师大；我说的是南腔，他说的是北调；我自南来，他自北往；南枝向暖，北枝受寒。但是无论怎么样，我们师兄弟今天和所有的选手一起南征北战。

——郦波
南京师范大学文学院教授
博士生导师

第一环节　探本溯源

一、兵器

第一题　消消乐

请从以下二十五宫格中选出成语。

盾	戈	之	相	箭
炮	阔	击	的	刀
矢	自	暗	走	鸟
难	一	枪	矛	众
大	换	斧	反	防

— 嘉宾点评 —

康震：在《三国演义》里我们看到：关羽提刀；吕布使方天画戟；马超一出现就是白马将军的形象，浑身上下都是亮银铠，手中一柄亮银枪，胯下一匹"千里雪"；张飞手持丈八蛇矛，浑身上下都是黑的。这是小说里的描述，人物和兵器合而为一，完美匹配。

郦波：你讲的真的不假，这些是为了人设。举一个最典型的例子，

《新唐书》《旧唐书》中的《杜伏威传》记载，杜伏威有一个义子叫阚棱，他使用了一种兵器，那个兵器叫陌（一作拍）刀，陌刀非常厉害，长丈余，尤其刀刃部分特别长。

康震：陌刀是很长，两边都是刃。一般能用陌刀的人力大无穷，而且陌刀一出现就是陌刀队，50人一队，再组成一个陌刀军团，专门对付骑兵，一刀下去，连人带马劈成两半。当年安史之乱的时候，唐军大将李嗣业面临的叛军人数很多，战马纷纷过来，唐军退却。李嗣业把上身脱光了，那个情形真是撼动人心，他身先士卒，带头向前，挥动大陌刀砍杀敌军，后边的人山呼如雷，拼命上去，硬是把敌军砍退了，李嗣业立了大功。大陌刀锻造精良，是用灌钢法锻的，所以它的钢材非常好，也因为这样，用它的人要力大，才能发挥它强大的杀伤力。但也有个问题，它制造成本高，大规模装备军队不太可能。

答案：

自相矛盾、大刀阔斧、暗箭难防、反戈一击、众矢之的、鸟枪换炮

第二题　连连看

题目1：请把成语中的字填写正确。

单刀（　　）会

横（　　）赋诗

（　　）弓之鸟

题目2：请把下列含有兵器的成语和对应人物进行连线。

单刀（　　）会　　　　曹操

横（　　）赋诗　　　　关羽

（　　）弓之鸟　　　　更羸

嘉宾点评

郦波：一般演义里都说曹操酾酒临江，横槊赋诗，这诗就是著名的《短歌行》，"对酒当歌，人生几何"。而这个槊，头像狼牙棒，比陌刀还重，单雄信用的槊据说有一百多斤，两大门神之一尉迟敬德最善于用槊，槊也是要力大无穷的人才能用得好。

康震：槊其实就是比较大个的矛，有的枪头很大。在春秋战国的时候专门有一种兵器叫铍，铍有点像大长矛，前面的矛头特别长，凡是这种特别长的都是骑兵的兵器，骑兵用它可以在很远的距离就把敌人从马上捅下去，所以它前面的矛头特别长。刚才特别提到单刀赴会，史书的记载叫单刀俱会，俱就是都的意思。我们都知道，刘备占据了成都，借的荆州诸郡却不还，孙权大怒，派吕蒙率兵夺取，鲁肃驻守益阳与关羽对峙。鲁肃约关羽见面交涉，两个人约好单独会面，兵马都在百步之外，以示互相没有敌意。关羽说，左将军（刘备）打乌林之战（赤壁之战）的时候也立了大功，难道不应该拥有一些自立之地吗？鲁肃说，道理不是这样讲的，当时说好的是借给你们的，现在你们已然有了立足之地，为什么不还呢？刚讲到这里，关羽旁边有一员大将就说，领土从来都是有德之人才会拥有，我们应该拿到。这时候关羽斥责这个将军退下，他提

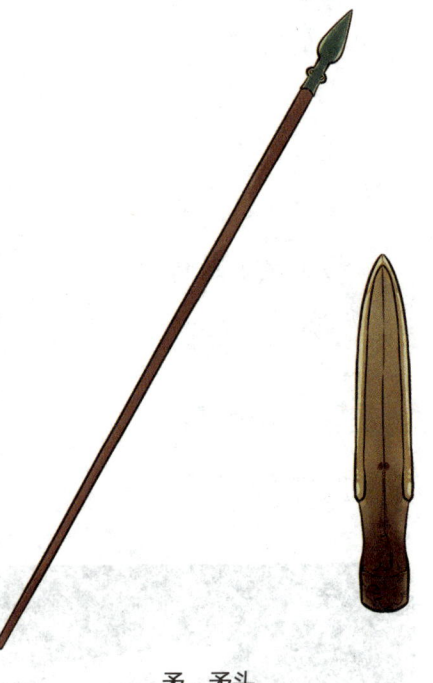

矛、矛头

刀上前要跟鲁肃对话。鲁肃要往前的时候，身边的将领劝他不要往前去，免得有危险。鲁肃说，道理总是要讲清楚的，这个问题上我们是占理的，我不相信关羽会做出什么不测之事。事实上，这次单刀俱会双方并没有达成共识，但由于当时曹操要攻汉中，刘备刚刚占据了益州，担心有闪失，不愿意再跟孙权这边发生战争，所以约定以湘水为界，割分了荆州，这段争执就此放下了。这就是所谓单刀俱会的真相。

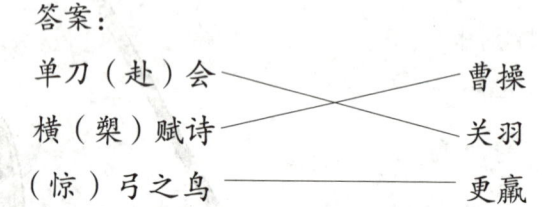

答案：

单刀（赴）会　　　　　曹操
横（槊）赋诗　　　　　关羽
（惊）弓之鸟　　　　　更羸

第三题　情景题

题目 1

铜戈

这是一枚春秋时期的青铜戈,来自国家博物馆。戈是用侧面的尖去攻击敌人的,这个尖叫"援"。后面有保持平衡的部分,叫"内"。沿着戈刃,有一条平滑的曲线,叫"胡"。此外,戈上还有几个用来穿绳子的小孔,叫"穿"。是不是还挺复杂?没错,春秋时期,我国的青铜冶炼技术已经达到了很高的程度,戈就是这样被成批铸造出来的。有一个成语叫"干戈玉帛",比喻使战争化为和平。

那么"干"是指什么呢?

A. 盾牌　　　　　B. 戈柄　　　　　C. 战车

嘉宾点评

康震:如图,画中黑色的部分是个木棍,把戈头镶在上面,拿绳子绑起来。能看出来,戈是个长兵器,主要是砍、钩、斫为主,到后来,戈上面再放一个矛头,这就叫戟。

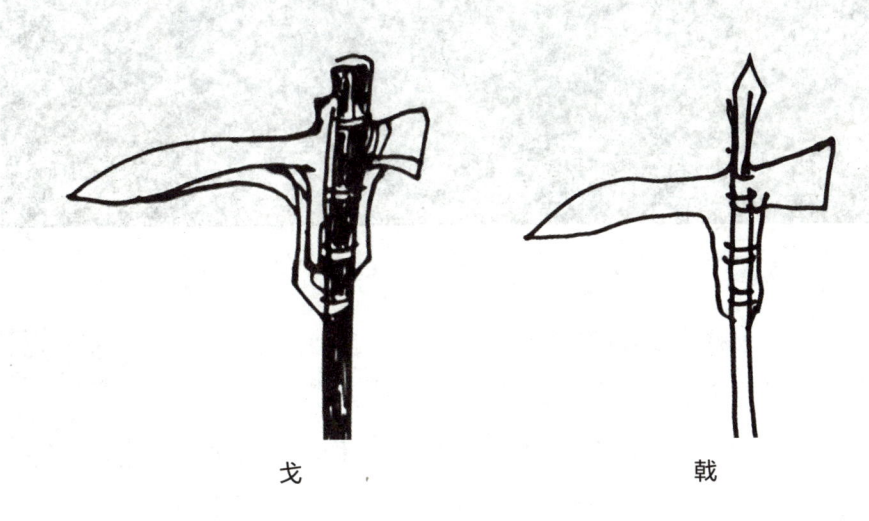

戈　　　　　　　戟

郦波:所以你看那时候对兵器追求的是什么?是一个兵器有多种用途。早期就想把多种功能集中在一起,但后来从战争实践上看,反而越纯粹杀伤力越大。

康震：上端平的叫戈，上面有一个矛头冒出来的叫戟，吕布用的那种方天画戟实际上是到了后来很晚的时候才出现的。

答案：
A. 盾牌

题目2

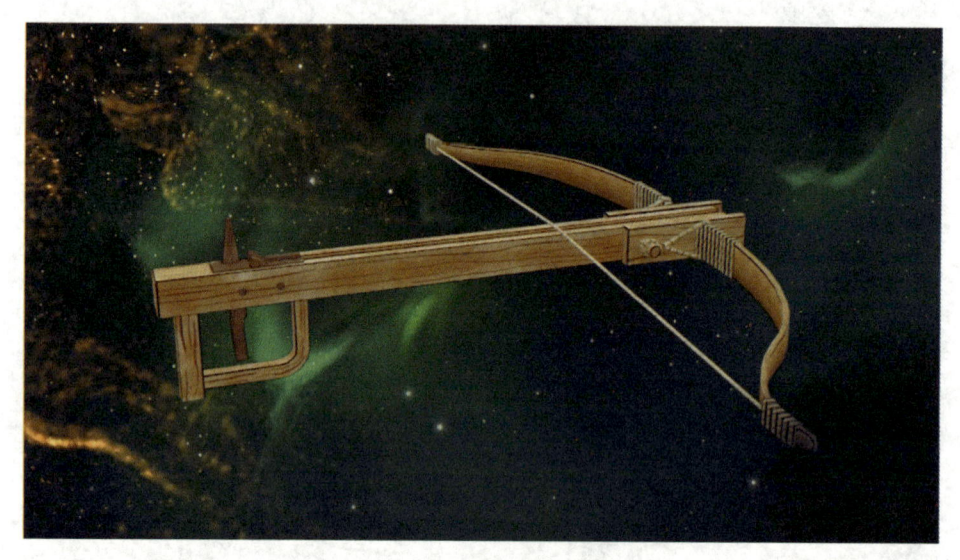

弩

这是一枚汉代的铜弩机，你看它的内部结构，是不是更复杂了？上面高高凸起的部分叫"望山"，望山前面有一个小凸起叫"牙"，下面伸出的部分叫"悬刀"，和手枪的扳机一样，扳动就可以发射。中间还通过钩心控制悬刀的位置。有一个成语叫"剑拔弩张"，就是说宝剑都拔出来了，弩都上了弦，表示气氛紧张，马上就要打起来。

问题来了,剑拔弩张时,这根弦应该张在哪里呢?

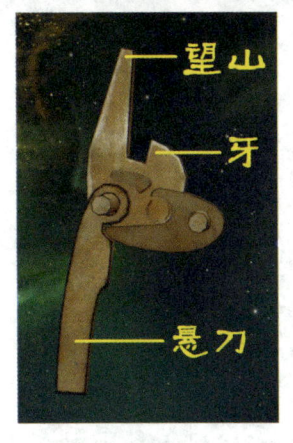

弩机构造

A. 望山　　　　　B. 牙　　　　　C. 悬刀

=嘉宾点评=

康震: 大家可以看这个弩机构造图。上面的望山就是瞄准器,下面这个长的把叫悬刀,就是扳机。弦已经绷起来了,谁把弦绷起来的呢?是牙。牙和底下的悬刀是连在一起的,牙把弦绷起来之后卡在这儿,等到悬刀一扳下来,牙就落下来,弦就弹出去了,弦一出去就把箭也带出去了。所以制造牙的材料就很重要,它不能脆,很多弩机都是拿金属制作的,拿别的材料制作的话,射上几轮之后就失去作用了。所以这个构造是非常精确的,在某种程度上,它跟很多现代机械的原理是完全一样的。秦弩一次可以携带100支弩箭,而关东六国的弩机只能携带50支弩箭,可见当时秦国在军事科技上是非常发达的。秦弩的箭头是三棱锥体,飞的速度特别快。秦弩还是标准化制造的,如果弩机损伤了,可以立刻更换零件。所以为什么秦国兵力很强大,是因为秦国的军事科技很发达。

答案:
B. 牙

二、英雄

第一题　消消乐

请从以下二十五宫格中选出成语。

面	壁	歌	而	力
之	取	行	能	埋
观	四	衣	代	楚
鼎	剑	十	面	上
锦	伏	作	扛	夜

=== 嘉宾点评 ===

康震：刘邦是个战略家，而项羽是个战术家。项羽在一线作战，力能扛鼎，勇冠三军，特别是到最后就剩下28个人的时候，他还能斩将夺旗，所以他更具备一般老百姓心目当中英雄的各种品格，比方说讲义气、重情义，身上还有一些高贵气，不拘小节。但刘邦是平民出身，他宽容、善于用人，能委曲求全、忍辱负重，必要的时候还颇有一些狡诈的智慧。我们不能以那种印象中战神式的英雄，来代替刘邦这种战略式的英雄。形成这种印象还有一个很重要的原因，跟司马迁有关系。司马迁在写刘邦和项羽的时候，倾注的价值判断和感情倾向是不一样的。垓下之战本是项羽打败了的仗，却让人感觉好像项羽在道义上赢了，甚至变得永垂不朽了。由此能看得出来，作为史家，司马迁把个人的人生遭际和其中的感慨放到了项羽的身上，把项羽列入本纪。班固绝对不会这样乱来的，项羽怎么能列到本纪里边去？通过比较这种差异看得出来，历史观、价值观对历史叙事起着很重要的作用，这也是告诉我们，任何成语都有价值观在里面。当代人看成语的时候，不但要看成语的故事、内涵，更要看成语的立场和态度，只有这样才能真正把成语领会透。归根结底，我们读成语、学成语是要为我所用，所以既要读懂成语的本义，也要了解成语背后的真相，还要看清楚这个成语本身蕴含的价值观和立场。

答案：
四面楚歌、取而代之、衣锦夜行、
力能扛鼎、作壁上观、十面埋伏

第二题　连连看

题目1：请把成语中的字填写正确。
（　　）然正气
脱（　　）而出
（　　）子可教

题目2：请把下列成语和对应的人物进行连线。
（　　）然正气　　　　毛遂
脱（　　）而出　　　　张良
（　　）子可教　　　　文天祥

= 嘉宾点评 =

郦波：这三个人背后都有故事。毛遂自荐，三寸之舌强于百万之师。张良，运筹帷幄，决胜千里。这些成语背后讲的是一种态度，是一种价值观。比如文天祥，他就不以成败论英雄，而是说"天地有正气"，浩然正气长存。所以我们站在爱国、正气、忠诚、智慧的态度上来看，毛遂自荐也好，张良的运筹帷幄也好，固然是英雄气概，而即使是看上去失败了的文天祥，他的"留取丹心照汗青"，依然是我们成语所探的华夏的浩然正气。

康震：从这些成语故事中，我们可以发现一个规律，历史上凡是这些所谓的大人物，他们一定有一些很宝贵的品质。首先这些人都有不同寻常的大抱负，要做大事，他们必有大挫折，在挫折当中磨炼他们的大才能，他们要忍常人所不能忍，言常人所不敢言，为常人所不敢为，甚至有的时候要舍生取义，杀身成仁。这道题里边的毛遂就是当仁不让、特立独行，文天祥有天地正气、君子风范，张良则是懂得小不忍则乱大谋，这些人都是因为有大志向、大理念、大的坚持，所以才锤炼出了流传至今的这些优秀品质。他们的故事最后变成了一个个成语，这些成语成为道德价值观的导向。

答案：

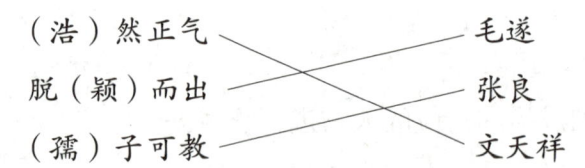

（浩）然正气 ——— 毛遂

脱（颖）而出 ——— 张良

（孺）子可教 ——— 文天祥

第三题　情景题

题目 1

本故事根据清代小说《说岳全传》情节改编演绎。

靖康元年（1126 年），金兵南下大举攻宋。此时，岳飞身在汤阴县家中，意欲投军，杀敌报国。

时间：靖康元年（1126年）某日夜里
地点：岳飞家中（岳母房间）
人物：岳母、岳飞

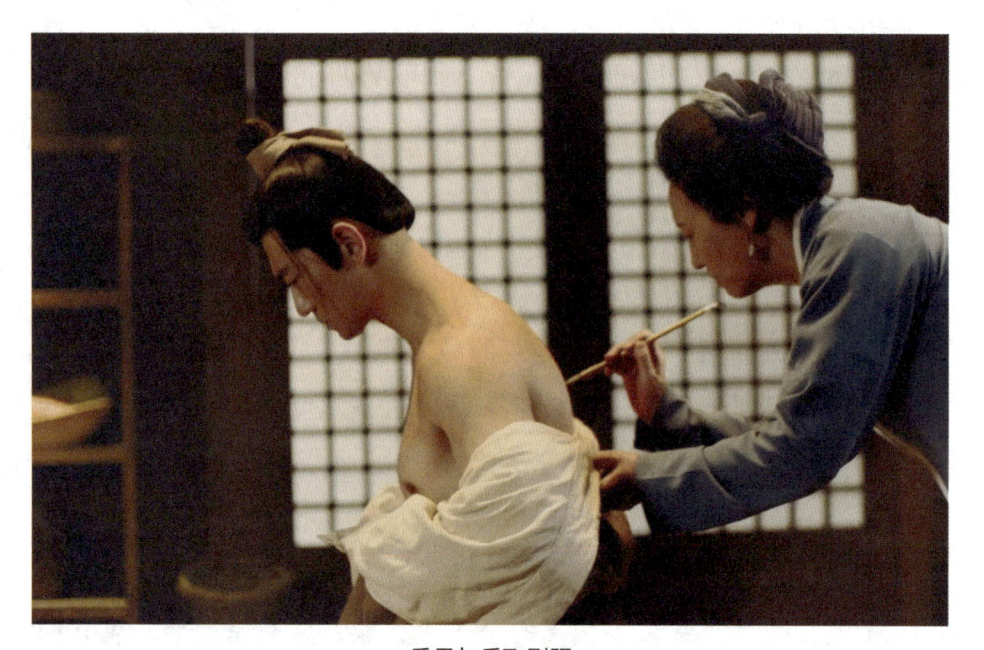

岳母与岳飞剧照

（屋中岳母正在纳鞋底，岳飞入内，坐在床边给母亲挑亮烛火）

岳母：（微笑，放下手中物品）儿啊，如今金兵南下，到处烧杀抢掠。为娘知道我儿有报国之心，但我儿孝顺，牵挂为娘，故而犹豫不决，迟迟未能下决心从军杀敌。为娘说的对吗？

岳飞：（犹豫）孩儿自幼跟随母亲，此番若是从军，恐不能在床前尽孝。

岳母：（摇头）儿啊，自古忠孝不能两全，为娘想得明白。

（母子二人饱含深情地对视。岳飞信念坚定）

岳飞：（坚定）孩儿知道了，明日就去军中报到！

岳母：（稍作思量，视线望向烛火再移到桌上的针上，坚定抬头）为娘欲在我儿背上刺几个字，以作训导，不知我儿能否承受这皮肉之苦？

岳飞：（目光坚定）这等皮肉之苦都受不得，怎能上阵杀敌！

岳母：（坚定）好！为娘这就为你刺字！

请问在故事中，岳母在岳飞背上刺下的四个字是什么？

A. 精忠报国　　　　B. 保家卫国　　　　C. 以身许国

= 嘉宾点评 =

郦波：其实从文献的角度上来讲，应该是"尽忠报国"。《宋史·岳飞传》没提到岳母刺字，而记载的是在风波亭，秦桧要陷害岳飞，先任用了个叫何铸的大法官来审岳飞。岳飞把背上的衣服拉下，何铸看到他身上刺了四个大字"尽忠报国"，被岳飞感动，替岳飞说话。秦桧一看何铸不能为自己所用，就把他换掉，改用了万俟卨来陷害岳飞。所以原来是"尽忠报国"，但为什么后来变成"精忠报国"了呢？是因为岳珂（岳飞的孙子）记载，宋高宗曾经在赏识岳飞的时候，写下四个大字，制成军旗赐给他，叫"精忠岳飞"，"精忠""尽忠"又很像，后世在民间的文学里头就把它移成了"精忠报国"。

答案：

A. 精忠报国

题目2

时间：靖康元年（1126年）某日夜里

地点：岳飞家中（岳母房间）

人物：岳母、岳飞、岳云（7岁）

岳母、岳飞与岳云剧照

　　（岳母刺完收手，岳飞满头大汗）

　　岳母：（用袖子搵了搵额头的汗水）我儿果然心志坚定！为娘已刺好"精忠报国"四字，盼你在沙场上奋勇杀敌！（帮岳飞披上衣衫）

　　岳飞：（坚定）母亲的教诲刻骨铭心，儿当永不忘怀。

　　（岳飞整理衣衫，披上外衣。岳云进入房间）

　　岳云：（上前）爹爹疼不疼？

　　（岳飞微笑着摇了摇头）

　　岳云：（不舍）明日您就要去上阵杀敌了吗？

　　岳飞：（微笑点头）云儿乖，爹爹走了以后，你要照顾好祖母和母亲。

岳云：（小大人儿的样子）爹爹放心，云儿已经长大了。不过临行前，爹爹要答应我一件事！

岳飞：（疑惑）何事？

岳云：（正色）爹爹到了战场上，不要把敌人都杀完了，要留一半。

岳飞：（疑惑）这是为何呀？

岳云：等我成年了，也要像爹爹一样上阵杀敌！那一半要留给我。

岳飞：（笑）哈哈哈哈哈哈。

岳云在这么小的年纪就有如此的志向，他是担心长大之后没有了什么？

A. 立锥之地　　　　B. 用武之地　　　　C. 一席之地

嘉宾点评

康震：这个情景剧，第一展示了岳母刺字，第二出现了小岳云。我小时候有一套连环画《岳飞传》，其中有一本就叫《岳云》，还有一本就叫《岳母刺字》。我好像又看到了小人书里边画到的当时岳母刺字的场景，还看到了岳云骑在赤兔马上，手挥两把大金锤的场面，印象极为深刻。我当年还没有看过《说岳全传》，只是看了小人书，我认为那就是真实的历史。所以我刚才又在想，有时候成语把历史文学化、艺术化了，为什么有了真实的历史还需要文学呢？是因为文学能够进一步把历史当中那些驳杂的现象予以澄清，把历史里边我们需要的价值观提炼出来，附着在一个鲜明的形象上放大给我们看。英雄不是完美的，但是我们需要完美的英雄精神。

答案：

B. 用武之地

三、战场

第一题　消消乐

请从以下二十五宫格中选出成语。

战	发	东	末	姿
略	弩	万	沉	群
只	所	舌	同	戟
雄	折	强	欠	见
沙	儒	风	英	之

—— 嘉宾点评 ——

郦波：这道题中好多成语出自赤壁之战，当然像强弩之末是出自《史记·韩长孺列传》。其他几个成语，像我们熟悉的舌战群儒、折戟沉沙、只欠东风、雄姿英发，严格说起来，都是受到了文学的影响，或是诗词，或是《三国演义》。我们都知道，《三国演义》是所谓七实而三虚，《三国志》里没有说借东南风，那是在裴松之注《三国志》引用的《江表传》里面，才说有借东南风的事。草船借箭这件事，其实背景是孙权在濡须口去探曹营，有草船借箭的事，也和诸葛亮没关系。

康震：对。真实的赤壁之战可能没有那么花哨，没有那么多戏剧性的情节，这是因为史书撰写的目的跟文学创作的目的是不一样的。

也正因为这样，本来是发生在孙权身上的事儿，却放在了诸葛亮的身上。但是有一点不能否认，无论是史书还是小说，都体现了赤壁之战的大智慧。首先，赤壁之战在三国时代是一次非常大的战役，刘、孙、曹这三家几乎所有最杰出的谋士、大将，都参与了这场战役的前前后后。再有，在这场战役里发生了多次战斗，各种计谋互相交织。更重要的是，各种战法：水战、陆战、水陆联合作战，运动战、阵地战、遭遇战，里边全都发生了，所以赤壁之战就是一个军事智慧的大集合。这道题里出现的成语我觉得还有点少了，在冷兵器时代，这么大的战役，应该还有更多的成语被创造了出来。

王宁：刚才两位老师说的最重要的就是，在战场上，我们看到了中国人的军事才能，而他们的那些思想所体现的，是武德，是品格，是人性的光芒。所以，让我们记住更多描绘战场的成语，它们是中国历史的痕迹，是华夏不败的印记。

答案：

只欠东风、所见略同、折戟沉沙、

舌战群儒、强弩之末、雄姿英发

第二题　连连看

题目1：请把成语中的字填写正确。

纸上（　　）兵

（　　）木皆兵

秣马（　　）兵

题目2：请把下列成语和对应的战役进行连线。

纸上（　　）兵　　　　淝水之战

（　　）木皆兵　　　　长平之战

秣马（　　）兵　　　　崤山之战

═ 嘉宾点评 ═

郦波：这题出得特别好，一般人都会想，秣马厉兵的"厉兵"指磨兵器，应该是磨砺的"砺"，怎么是厉害的"厉"呢？这个地方是特别容易写错的，厉害的"厉"就是磨砺的"砺"的本字，它原来就是磨刀石的意思。

王宁：我们通过这道题的成语，还能够感受到古人往往都是希望不战而屈人之兵，不是要破国，而是要保全国家，保全人民，如果用这个方式把敌人战胜，那才是真正的强大。为什么会有这种战争思想？

康震："不战而屈人之兵，善之善者也。"战争往往是被迫发生的，战争从来都不是目的，而是在政治斗争的延续过程当中发生的一种行为，所以能够不给人民造成困扰、不给家国造成破坏，这是最上乘的"纸上谈兵"。纸上谈兵这个成语背后是一件很有意思的事情，长平之战，在赵括之前是谁在打？是老将廉颇。廉颇前面确实打了几个败仗，后来因为秦兵势大，所以坚守不战，这是上乘的战术。秦国一看他不打，就散布谣言说，我们最不怕的就是廉颇，我们最怕的就是赵括。赵王一听既然是这样，也觉得廉颇老是畏怯而不战，非常生气，就想要换赵括为将，与秦军决战。当初赵奢曾经评价过他儿子赵括，说这个人不能领兵打仗，因为赵括把兵者的大事讲得非常容易，将来用他为将恐怕要大败。连赵括的母亲知道了都跟赵王说，你不能用我儿子做将领。这些就是长平之战前面发生的很多事。而赵括为将后也不只是纸上谈兵，因为赵王希望他能主动出战，所以他改变了战法，从过去廉颇的固守改为主动出击。而这个时候，秦国马上换用了白起，白起是个名将，也是个老将，他就截断赵军的粮道，然后伏击，拿下了赵括。我说这些是想表达什么？历史事件经过了这么多年，到了后代总结这段事情的时候，就单纯地给赵括安上了一个纸上谈兵的骂名,让我们觉得这个人既不知兵,也不知将,好像根本不会打仗。其实历史的真实情况要比成语字面所展现的复杂得多,赵王在这里边有不可推卸的主要责任,因为他是最高领导者,那么多人劝他,赵括的父亲劝他,赵括的母亲也劝他,他都不听,说明他有识人用人之错。历史的真实情况很复杂,但是赵括永远成了纸上谈兵的典型。

答案:

纸上(谈)兵 —— 淝水之战
(草)木皆兵 —— 长平之战
秣马(厉)兵 —— 崤山之战

第三题　情景题

题目1

楚成王与重耳剧照

晋国内乱，公子重耳被迫流亡国外，在楚国期间，楚成王以礼相待。

地点：楚国宫殿

人物：楚成王、重耳

（大家举杯欢饮，共享餐食）

楚成王：公子，你来我楚国多日，看我楚国实力如何？

重耳：回大王，楚国物阜民丰，兵强马壮，大王真是治国有方。

（楚王大笑）

重耳：自重耳来此，蒙大王收留，待我以珍馐美馔，尽显大国雅量，重耳当真感佩不已。

楚成王：那公子若有朝一日回到晋国，当上了晋国国君，你又将如何报答楚国呢？

重耳：大王，重耳衷心希望日后两国能够永远交好。倘若不幸发生战争，重耳当自愿退避三舍，以报大王恩德。

公元前636年，重耳回国即位，成为晋国国君，晋国日渐强盛。公元前632年，楚国大将成得臣攻打宋国，晋文公发兵救宋。成得臣大怒，准备和晋军交战。

地点：楚军大营

人物：成得臣、信使

士兵：大王信使到。

信使：成将军，大王命我特来送上手谕。

成得臣：成得臣接令。先生辛苦了，不知大王有何指示？

信使：将军万不可与晋国交战！

成得臣：大王怎会有如此命令？

（成得臣看信）

（画外音）重耳在外流亡19年，刚刚回到晋国当上国君，他历经千难万险,通晓人情世故。寡人以为,既然上天赐他福寿,又为他消灾去难,这便是天意。将军还是避其锋芒,不与其开战为好。

在这封信当中,楚王的意思是让成得臣怎么样?

A. 知难而退　　　　B. 知难而进　　　　C. 以逸待劳

=== 嘉宾点评 ===

郦波:这道题确实很考验人,如果我们只看现象逻辑,很容易想到"以逸待劳"。我们知道春秋五霸第一个是齐桓公,然后是晋文公(重耳),这叫齐桓晋文之事。晋文公上台之后打的第一仗——城濮之战,就是跟楚军打的。楚成王对重耳的认识是很深刻的,他让子玉(成得臣)知难而退的理由是什么?他说重耳在外面流浪19年了,他什么样的世面没见过,经受了那么多的白眼、苦难才崛起。他想告诫子玉,要知难而退,因为你面临的是一个你以为一定打得过,但其实很强大的对手,你一定不能轻视他。这个故事也体现了我们中国人讲的:苦难挫折才会造就真正的英雄。

答案:

A. 知难而退

题目2

晋军大营内,晋文公与众将领正在商议对策。

地点:晋军大营

人物:晋文公、狐偃、栾枝

晋文公与狐偃、栾枝剧照

狐偃：启禀主公，楚将成得臣不听楚王之命，执意要向我军发起进攻。

晋文公：楚军兵强马壮，正面交锋，我军恐难取胜。二位可有良策？

狐偃：主公，如果以退为进，或许能化解危机。

晋文公：此计甚妙。当年我流亡楚国，楚王盛情款待。我答应过他，希望日后两国能永远交好，倘若不幸发生战事，我也要退避三舍，以表达我的感恩之心。

栾枝：主公，不可！您是晋国国君，成得臣是楚国大臣，以君避臣，岂不是折煞我晋国的威风？

狐偃：出兵要理直，理直则气壮。主公曾受过楚王恩惠，如果我们忘恩失信，便是理亏；但若我们退避三舍，他们仍不肯撤兵，那便是他们理上有亏。

晋文公：如今正是兑现承诺之时。退避三舍，并非懦弱，而是信义。

栾枝：主公，若我们退避，楚军会不会趁此追击？彼时我军岂不陷入被动？

晋文公：成得臣骄傲自大，必会轻敌。若他贸然追击而上，我们尽可待其露出破绽，再伺机而动。

狐偃、栾枝：主公妙计！

晋文公：传令全军，退避三舍！但要保持阵形，严阵以待，不可松懈！

狐偃、栾枝：遵命！

我们的问题是：晋军退避三舍，一共退了多少里？

A. 30 里　　　　　B. 90 里　　　　　C. 300 里

嘉宾点评

郦波：一舍为什么是30里？是因为古人一天行军30里之后，一定要休息，不是因为人困马乏，而是因为春秋战国时主要的战争工具是战车，战车行30里之后就要休整，它的轮毂等零件要保养。尤其是大部队行军，一天也就30里左右，所以晋文公退三舍，其实是三天的行军里程。所以一舍30里，三舍90里。

王宁：我们都觉得晋文公是滴水之恩，涌泉相报，但当真正开始打仗了，战场上"兵者诡道"，兵不厌诈，他还真就那么守信？

郦波：之前说要退三舍，就真的退了三舍。晋文公的考虑是要两面都占：一方面退避三舍，报答了楚成王昔日之恩；一方面是为了激怒子玉，让他来追击，诱敌深入。名义上占了师出有名，但其实"兵者诡道"，战术战略也占了上风，这叫大智慧。

战车

康震：郦波兄说得很对，过去我们老讲秦晋之好，为什么会有秦晋之好呢？是因为晋公子重耳在落难的时候，不仅是楚成王帮过他，秦穆公更是重点培养他，还把自己的闺女嫁给重耳。为什么？因为秦国原来是西陲之地，它一定要东向，这是秦国历代国君的志向。既然它要往东去，晋国对它来说就很重要，所以秦国一开始的策略是笼络晋国，只有跟晋国搞好了关系之后，秦国才能往东去。后来秦国攻打郑国，就是因为它要绕过晋国往东边去，所以他跟晋国既要交好，但同时双方又有防备之心。当然，"兵者死生之道"，国家利益高于一切，不能全然依循道义，所以他退避三舍，但你安能知道他中途未设伏击？退避三舍，不等于说在这过程当中，不跟对方交战，退归退，战归战，这不是一码事。退避三舍，重点不在于打的这一仗，而在于弘扬晋文公守承诺的这种精神。退避三舍这个成语背后的世界，比它的字面意思要更广大。这是我们读成语时一定要注意的，既要了解这个成语本身的意思，也要走到成语的背后，去探索历史发生的深处和现场。

王宁：所以我们用成语来探华夏，也是希望大家能够通过成语这条途径，真正走到历史的深处，看到中国人自有的真善美，看到我们的仁义礼智信，从来没有一刻割断。我们用这样的方式来探寻成语背后的故事，是为了探寻今天中国人最根本的精神所在。

答案：
B. 90 里

四、兵法

第一题　消消乐

请从以下二十五宫格中选出成语。

里	天	交	桃	刀
近	东	羊	调	僵
笑	山	远	瞒	击
虎	过	声	藏	李
代	攻	西	离	海

=嘉宾点评=

郦波：这些成语都出自《三十六计》。这六个成语里头我们熟悉的，比如调虎离山、瞒天过海、远交近攻，但是有一个成语确实是我们不熟悉的，叫李代桃僵。这个成语今天的意思，和它的原意相比，已经有很大变化了。它出自汉乐府的古诗，原来讲的是兄弟之间患难与共，体现兄弟情深，是这种很好的寓意。但是后来变成《三十六计》之一，指代人受过，或者让人代你受过，变成算计之术。至高的兵法，比如《孙子兵法》，讲的是战略，《三十六计》讲的是战术，一个是道的层面，一个是术的层面。

答案：
笑里藏刀、声东击西、瞒天过海、
调虎离山、李代桃僵、远交近攻

第二题　连连看

题目1：请把成语中的字填写正确。

先发（　　）人

穷（　　）莫追

唱（　　）城计

题目2：请把下列成语和与之相关的战况进行连线。

先发（　　）人　　　　进攻

穷（　　）莫追　　　　防守

唱（　　）城计　　　　撤退

— 嘉宾点评 —

郦波："唱空城计"，很多人可能没想到它会是一个成语，但它确实是，不过最早唱空城计的人并不是诸葛亮。故事的原型是这样：唐代名将张守珪刚刚到瓜州城任职的时候，吐蕃大军袭来，他就摆下空城计，吓退了敌军，所以张守珪也是一代战神。

康震：这道题里边讲了穷寇莫追，原话是"围师必阙，穷寇勿迫"，为什么穷寇勿迫呢？敌人已经被打得溃不成军，如果还是穷追不舍，他急了眼反过来会咬你一口。刚才说到了道和术的关系，在我看来，穷寇莫追还是术的层面，孙武这么伟大的人，他说"穷寇勿迫"，也是战术上的考虑，怎么能穷寇勿迫呢？既然跟敌人作战，宁可断其一指，也不能只是伤其十指。毛泽东同志讲"宜将剩勇追穷寇，不可沽名学霸王"，为什么霸王不能学呢？因为他设下鸿门宴，却为了显示自己很大度，放走了刘邦，这样的事情他做了不是一次两次。这就是说，他在重大的战略利益面前有妇人之仁，是不能担当历史大任的。而"宜将剩勇追穷寇"体现的是，中国人民解放军一定要将革命进行到底，一定要像鲁迅说的那样"痛打落水狗"，不能给敌人以丝毫喘息的机会，这是道，是战略。毛泽东同志的军事思想，对于中国传统的军事思想是有传承的，但最重要的是他有极大的创新，从兵法的角度，他极大地突破了孙子"围师必阙，穷寇勿迫"这种战术思想，这是非常了不起的，这是要有绝大的决心和大历史观，才能做出这样的判断。

答案：

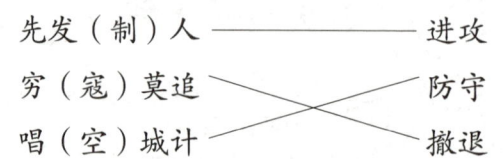

先发（制）人 —————— 进攻

穷（寇）莫追 —— 防守

唱（空）城计 —— 撤退

第三题　情景题

题目1

春秋末期，吴国渐渐强大起来。吴王阖闾要大举伐楚，伍子胥建议对楚国进行袭扰。

地点：吴国宗庙

人物：孙武、吴王

吴王与孙武剧照

（孙武进入房间）

孙武：大王。

吴王：孙将军来了。

孙武：不知今日大王召臣前来所为何事？

吴王：来，将军请坐。

孙武：谢大王。

（吴王、孙武在案前对坐）

吴王：今日寡人唤将军前来是有一事相商。

孙武：大王请讲。

吴王：将军知道，这吴与楚之间总要有一争高下之日，不知现在我吴国可有此实力？

孙武：回大王，而今我吴国国富民强，军队训练有素，可谓是兵强马壮，臣以为，已足以与楚国一较高下。

吴王：好！那依将军之意，现在时机成熟了？

孙武：臣以为，若要出兵，还要先行庙算。出征之前，需在宗庙中细细筹划：将领是否已到位，粮草是否齐备，兵力是否充足。多算则胜，少算则不胜。

吴王：既如此，还请将军细细算来。

（孙武取出算筹，在案上摆开）

孙武：大王请看：这是我军，这是敌军，这一战楚军必败。大王，我已完成庙算。几年来，在伍子胥大夫的建议下，我军对楚国屡次实施袭扰，持续了五六年之久，楚军疲惫不堪，且现如今，楚国内部朝政混乱，国库空虚。现在吴国已稳操胜算。

吴王：将军庙算果然不同凡响。这正是"知己知彼，百战不殆"。

请听题，知己知彼，百战不殆当中的"殆"是什么意思？

A. 懈怠　　　　B. 危险　　　　C. 战死

嘉宾点评

郦波：百战不殆的"殆"，它的左偏旁"歹"往往和死亡有关，但在这个成语里，"殆"用的就是它的本义，《说文解字》说"殆，危也"，其实就是指的危险。

答案：

B. 危险

题目2

孙武与伍子胥剧照

地点：吴军军营

人物：孙武、伍子胥

（孙武、伍子胥在沙盘前谋划）

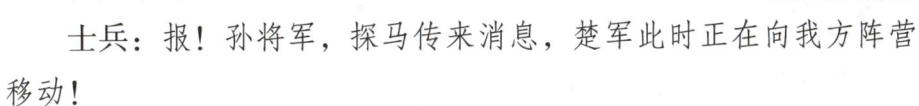

士兵：报！孙将军，探马传来消息，楚军此时正在向我方阵营移动！

孙武：看来楚军的消息亦是颇为灵通。他们离我军还有多远？

士兵：约有三百里。

孙武：很好，吩咐下去，按兵不动，勿再前进。

士兵：是！

伍子胥：孙将军，我们原本要尽快赶到，如今却为何止步不前？

孙武：伍先生莫要着急，我军连日来长途奔袭，只恐疲倦，自然需要休息休息。此后几天，日日杀牛宰羊，犒劳全军将士，大家吃饱吃好，唯有一点，这几日任何人不得饮酒。

数日之后。

士兵：报！将军，楚军距我军处已不足十里。

孙武：来得好！令五千弓箭手伏于谷口，待敌军入谷，齐射之！

士兵：遵命！

战斗结束。

士兵：报！将军，禀报将军，楚军已退，我军大获全胜。

孙武：好！楚军一路急行，远道而来，必定身心疲惫。我们在此处养精蓄锐，连日休整，以己之精神抖擞，攻敌之精疲力竭，哪有不破敌之理？

伍子胥：孙将军果然神机妙算，真乃用兵如神也！

题目是：孙武这一招在兵法当中叫什么？

A.以逸待劳　　　　B.无懈可击　　　　C.避实击虚

嘉宾点评

康震：《孙子兵法》为什么这么重要？因为中国古代社会几千年间，兵法类的书是很多的，但是无能出其右者。为什么孙子是兵中之圣呢？因为孙子一语道破了战争的核心问题在于人，在于人心的向背，每一个求胜的要义，孙子都点出了其根本存在于民众当中，这是战争的根本所在。也正是毛主席讲的那句话，"战争的伟力之最深厚的根源，存在于民众之中"。所以《孙子兵法》固然谈了很多将兵之道，谈了很多排兵布阵之道，但最重要的是战略运筹，一开始就要谋算这个仗能不能打、为什么要打，然后讲怎么布局，没有战略布局，只有战术出击，必败而已。所以为什么毛泽东同志是伟大的战略家呢？我们想想看，1938年，在抗日战争还处于对我们来说极为不利的情况下，他写下了《论持久战》，他料定，中国人民以持久的斗争，一定能赢得正义的战争，他看透了这场战争的本质，所以他下了巨大的战略决心，写出这样一部战略巨著。毛泽东同志为什么非常喜欢《孙子兵法》？应该是因为它"于我心有戚戚焉"，在这点上，他们的心是相通的，都看到了战争真正依靠的是什么，赢得战争的根本动力是什么。

答案：
A. 以逸待劳

第二环节　扶摇直上

在本环节中，两组选手将进行快问快答的比拼，每答对一题加 1 分。答错则将答题权转交给另一组，依此循环，率先得到 20 分的一组胜出。

快问快答　　　　　　　　**先知先觉**

1. 披坚执锐中的"坚"指的是坚固的铠甲，还是坚定的决心？
答：坚固的铠甲。　✓

> 形容全副武装。穿着铁甲，拿着武器。

2. 老骥伏枥中的"枥"指马鞍，还是马槽？
答：马槽。　✓

> 比喻人虽然年老，仍有雄心壮志。

3. 虎踞龙盘最早指哪里的地势？是今天的杭州，还是南京？
答：南京。　✓

> 形容地势雄伟险要。

4. 远交近攻最早是哪位谋士提出的策略？
答：范雎。　✓

> 联络距离远的国家，进攻邻近的国家。是战国时期秦国采取的一种外交策略。

80

5. 三十六计，走为上计中的"走"指的是逃跑，还是偷袭？
答：逃跑。 ✔

> 指事情已经到了无可奈何的地步，没有别的好办法，只能出走。

6. 如火如荼中的"荼"形容红色，还是白色？
答：白色。 ✔

> 形容大规模的行动气势旺盛，气氛热烈。

7. 成语枕戈待旦出自哪位历史人物？
答：刘琨。 ✔

> 形容时刻准备作战。枕着武器睡觉等天亮。

8. 偃武修文中的"偃"是停止，还是继续？
答：停止。 ✔

> 指停止武事，振兴文教。

9. 金城汤池中的"池"指的是池塘，还是护城河？
答：护城河。 ✔

> 比喻坚固无比、防守严密的城池。

10. 投鞭断流中的"流"指的是长江，还是黄河？
答：长江。 ✔

> 比喻人马众多，兵力强大。

11. 四面楚歌发生在哪个地方？
答：亥下。 ✘ （正确答案：垓下）

> 比喻陷入四面受敌、孤立无援的境地。

12. 穷兵黩武中的"黩"是谨慎使用，还是轻率滥用？
答：轻率滥用。 ✔

> 形容极其好战。随意使用武力不断发动侵略战争。

成语探华夏

13. 鸣金收兵中的"金"指的是兵器，还是乐器？
答：乐器。 ✔

> 比喻战斗暂时结束。用敲锣等为信号撤兵回营。

14. 成语负荆请罪与历史上哪位名将有关？
答：廉颇。 ✔

> 表示向人认错赔罪。背着荆条向对方请罪。

15. 所向披靡中的"披靡"指军队溃散，还是盔甲破裂？
答：军队溃散。 ✔

> 比喻力量所达到的地方，一切障碍全被扫除。

16. 暗度陈仓是谁提出的计谋？
答：韩信。 ✔

> 比喻用造假象的手段来达到某种目的，或暗中进行活动。

17. 勇冠三军最早是称赞谁的？
答：李广。 ✔

> 指勇敢是全军第一。

18. 同室操戈最早是因为娶妻还是争权？
答：争权。 ✘ （正确答案：娶妻）

> 指兄弟自相残杀。泛指内部斗争。自家人动刀枪。

19. 单枪匹马最早指的是谁？
答：项羽。 ✔

> 原指打仗时一个人上阵。比喻行动没人帮助。

20. 围魏救赵是谁提出来的军事策略？
答：孙膑。 ✔

> 借指袭击敌人后方的据点以迫使进攻之敌撤退的战术。

21. 揭竿而起最早指谁的队伍？
答：陈胜、吴广。 ✔

> 举起竹竿当旗帜，进行反抗。

22. 反戈一击与历史上哪位君主有关？

答：商纣王。 ✔

> 掉转武器向自己原来所属的阵营进行攻击。

23. 秉旄仗钺中的"钺"指的是什么？

答：……（选手未答出） ✘ （正确答案：像斧子的兵器）

> 比喻掌握着军事大权。手执指挥全军的旗帜和象征权力的黄钺。

24. 直捣黄龙中的"黄龙"指的是金国的黄龙府，还是宋朝的黄龙寺？

答：金国的黄龙府。 ✔

> 指直接进攻敌人腹地。

25. 决胜千里最早形容的是韩信，还是张良？

答：张良。 ✔

> 形容将帅雄才大略，指挥若定。坐镇后方，指挥千里之外的战局。

26. 成语投笔从戎出自哪个历史人物？

答：班超。 ✔

> 指文人从军。扔掉笔去参军。

27. 赴汤蹈火中的"汤"指的是什么？

答：热水。 ✔

> 比喻不避艰险，奋勇向前。沸水敢蹚，烈火敢踏。

28. 成语宝刀未老出自哪位武将？

答：黄忠。 ✔

> 比喻人到老年还依然威猛，不减当年。

29. 问鼎中原中的"问鼎"问的是鼎的大小和重量，还是材质和工艺？

答：大小和重量。 ✔

> 指企图夺取天下。

30. 中流击楫与东晋时期的哪位将领有关？

答：祖逖。 ✔

> 比喻收复失地的雄心。

31. 东山再起中的"东山"在今天的哪个省？

答：浙江。 ✔

> 指再度出任要职。也比喻失势之后又重新得势。

32. 草木皆兵最早用来形容什么？

答：疑神疑鬼。 ✔

> 形容人在惊慌时疑神疑鬼，把山上的草木都当作敌兵。

33. 抵掌谈兵中的"抵掌"是握手，还是击掌？

答：击掌。 ✔

> 形容毫无拘束地畅谈军事。

34. 图穷匕见的故事中，持图现出匕首的是荆轲，还是苏秦？

答：荆轲。 ✔

> 比喻事情发展到最后，真相或本意显露了出来。

35. 破釜沉舟中的"釜"指的是什么？

答：锅。 ✔

> 比喻下决心不顾一切地干到底。

36. 手不释卷中的"释"意思是放下，还是拿起？

答：放下。 ✔

> 形容勤奋好学。书本不离手。

37. 人文荟萃中的"荟萃"是什么意思？

答：植物繁多的样子。 ✔

> 人才和文物众多，并聚集在一地。

结　　语

康震：这期节目主题是金戈铁马，这样一部金戈铁马的英雄史，成就了成语当中的群英会。我想我们每个人都应该熟读成语，怀揣英雄的梦想，共建英雄的中国。

郦波：人生就如战场，开局的时候总是摩拳擦掌、跃跃欲试，踏入征途就会发现，虽然有时候会一帆风顺，但大多时候是荆棘满途，甚至是四面楚歌、十面埋伏。不过五千年的华夏文明智慧告诉我们，只有在人生的战场上千锤百炼、自强不息、知行合一的人，才可以最终叱咤风云、笑看风云，实现人生的风云之志。

王宁：五千年华夏文明，创造了波澜壮阔的宏伟历史；三万里锦绣山河，洒满了激昂澎湃的爱国豪情。黄沙万里，碧血丹心，是无数先烈以身许国、戎马倥偬，才换来了今日中华盛世，人民康宁。今天我们在这里一起缅怀历史，致敬英雄，歌颂和平。

小游戏　成语接龙

请用给出的成语开始接龙。

【背水一战】背水：背靠河水。背靠着河水，断绝自己的后路与敌人作战。指决一死战。《史记·淮阴侯列传》："信乃使万人先行，出，背水陈（阵）……军皆殊死战，不可败。"

背水一战→战无不克→克己复礼→礼尚往来→来历不明→明火执仗→仗义疏财→财竭力尽→尽善尽美→美人迟暮

【剑拔弩张】弩：古时一种利用机械力量射箭的弓；张：拉开。剑已出鞘，弓已张开。形容形势紧张，一触即发。清·夏敬渠《野叟曝言》五七回："说到红须客、尹雄等一班豪侠之士，三人俱有剑拔弩张之概。"

剑拔弩张→张灯结彩→彩凤随鸦→鸦雀无声→声东击西→西窗剪烛→烛照数计→计深虑远→远走高飞→飞檐走壁

【以身殉国】把自己的生命贡献给国家，即尽忠报国之意。三国蜀·诸葛亮《将苑·将志》："见利不贪，见美不淫，以身殉国，壹意而已。"

以身殉国→国富民强→强弩之末→末大必折→折戟沉沙→沙里淘金→金口玉言→言之凿凿→凿壁偷光→光怪陆离

【立锥之地】立锥：插锥。插锥子的一点小地方。形容极小的地方。《吕氏春秋·为欲》："夫无欲者……其视有天下也，与无立锥之地同……无立锥之地，至贫也。"

立锥之地→地久天长→长生不老→老妪能解→解衣推食→食毛践土→土崩瓦解→解囊相助→助我张目→目击耳闻

【知难而进】明知困难，却不后退。指迎着困难上。《左传·定公六年》："陈寅曰：'子立后而行，吾室亦不亡。惟君亦以我为知难而行也。'"

知难而进→进退两难→难乎为继→继往开来→来日方长→长袖善舞→舞文弄墨→墨迹未干→干云蔽日→日新月异

【以逸待劳】多指作战时自己充分休息，养精蓄锐，等待敌人疲劳后，乘机出击制胜。《孙子·军争》："以近待远，以佚（逸）待劳，以饱待饥，此治力者也。"

以逸待劳→劳苦功高→高抬贵手→手不释卷→卷帙浩繁→繁花似锦→锦绣河山→山雨欲来→来者可追→追魂摄魄

【知己知彼】对敌我双方的情况都了解透彻。宋·晁补之《上皇帝安南罪言》："若夫知己知彼，每举不殆，与敌变化，循环无穷，提军絜众，动于九天之上，此则大将军之任，非臣所得而前知也。"

知己知彼→彼竭我盈→盈盈秋水→水深火热→热血沸腾→腾云驾雾→雾里看花→花朝月夕→夕惕若厉→厉兵秣马

【百战不殆】殆：危险。每次作战都不会失败。《孙子·谋攻》："知彼知己者，百战不殆。"

百战不殆→殆无孑遗→遗风余烈→烈火真金→金马玉堂→堂堂正正→正言不讳→讳莫如深→深信不疑→疑神疑鬼

【无懈可击】懈：松懈。没有什么漏洞可以被人攻击或挑剔。形容十分严密或完美。《孙子·计》："攻其无备，出其不意。"曹操注曰："击其懈怠，出其空虚。"

无懈可击→击节叹赏→赏罚分明→明争暗斗→斗志昂扬→扬汤止沸→沸反盈天→天诛地灭→灭顶之灾→灾梨祸枣

【避实击虚】实：坚实的部分。虚：空虚的部分。指战争中避开对方的主力，攻击其薄弱之处。《孙子·虚实》："兵之形，避实而击虚。"

避实击虚→虚位以待→待时而动→动魄惊心→心旷神怡→怡情悦性→性命交关→关门大吉→吉星高照→照本宣科

第三期　人间烟火

山上层层桃李花，云间烟火是人家。
——唐·刘禹锡《竹枝词》

　　巍巍中华，五千年文明，既有波澜壮阔、可歌可泣的历史画面，也有一针一线、一饮一啄的生活图景。车水马龙，茂林修竹，居闹市，处山林，都是寻常生活，烟火人间。今天就让我们一起走进成语故事，穿越寻常巷陌，探寻古人生活，体验人间烟火。

主持人：王端端

成语探华夏

我是一名考古工作者，做了将近43年的考古，我的工作就是从历史遗迹中去探寻古人的生活方式。古人的衣食住行是各有讲究的，比如"冠冕堂皇"让我们看到了对服饰的追求，"钟鸣鼎食"体现了饮食的礼仪文化，"屋舍俨然"是居住环境的写照，"车水马龙"又是车马出行热闹的场面。劳作的时候遵循"日出而作，日入而息"，社交上讲究"礼尚往来"，逢年过节还要"张灯结彩"。成语仿佛是一个一个的历史密码，记录了中华文明的生动瞬间，展现着中华民族世代坚守的价值观念、审美情趣、道德准则，让我们今天穿越时空，追根溯源，了解古人生活的方方面面。

——王巍
中华文明探源工程首席专家
中国社会科学院学部委员

王老师给我们分享的是古人生活的点点滴滴，那我就和大家分享一下我的日常。旭日东升的时候，我会穿过车水马龙的湘江隧道，来到鸟语花香的校园，和一群风华正茂、朝气蓬勃的年轻学子走进教室；到中午的时候饥肠辘辘了，我会和同学们一起，去挤人声鼎沸、熙熙攘攘的食堂，琳琅满目的美食会让我垂涎欲滴、食指大动；夕阳西下的时候，我迫不及待地回到家里，一推门，我家的小猫咪们争先恐后地向我奔来，它们想着，威风凛凛的妈妈出去打猎归来，一定会满载而归；月明星稀、万籁俱寂的夜晚，我会在灯下看书、写字。我很喜欢这样并没有惊天动地的传奇，却也悠然自得的每一天，我也祝福每一位平凡人都能拥有这样怡然自得的、平凡的、却又是美好的每一天。

——杨雨
中南大学人文学院教授
博士生导师

第一环节　探本溯源

一、有声有色

第一题　消消乐

请从以下二十五宫格中选出成语。

善	纲	成	皇	襟
腋	陂	长	提	冠
危	堂	凤	裘	舞
领	袖	集	正	衣
冠	坐	冕	霞	挈

=嘉宾点评=

杨雨：这几个成语其实都跟服饰直接或间接有关。正襟危坐，唐代以前主要是跪坐，叫"正衣襟"。长袖善舞，这是韩非子引用了当时的一个俗谚，"长袖善舞，多钱善贾"，它本来是讲古人穿的宽袍大袖，袖子很长，后来经常会被人用来比喻办法多，这个办法多往往含有小小的贬义。集腋成裘就是把狐狸腋下的一点点白色的毛皮做成一件狐白裘，得集许多腋下的毛皮才能做成，所以"集腋成裘"就比喻要通过点点滴滴的积累才能够汇聚成丰厚的成果。"提纲挈领"，"挈领"的意思是提起衣服的领子，比喻把握了事物的关键，把问题简明扼要地提示出来。

王端端：中国古人的服饰确实是一门很大的学问。王老师，关于服饰，在考古中您见到的最多的元素是什么？

王巍：首先是材料，最早当然是麻布之类的，至少有上万年的历史。关于丝绸，现代考古发现，黄河中游地区出土了六千年前的蚕茧、丝织品等实物。在一般的地质条件、土质条件下，古代的丝织品很难保存下来。楚国墓葬中出土了很多件丝绸的衣服，出土的时候状态不太好，但是经过文物保护工作者一件一件地揭取，判断是哪一类，如丝、绸、锦、缎，然后复织，复织之后非常地漂亮。再比如马王堆汉墓，辛追夫人的墓葬出土的丝织品素纱禅衣，只有48克，当时的工艺真是高超。

仰韶文化·丝织品残片

第三期 人间烟火

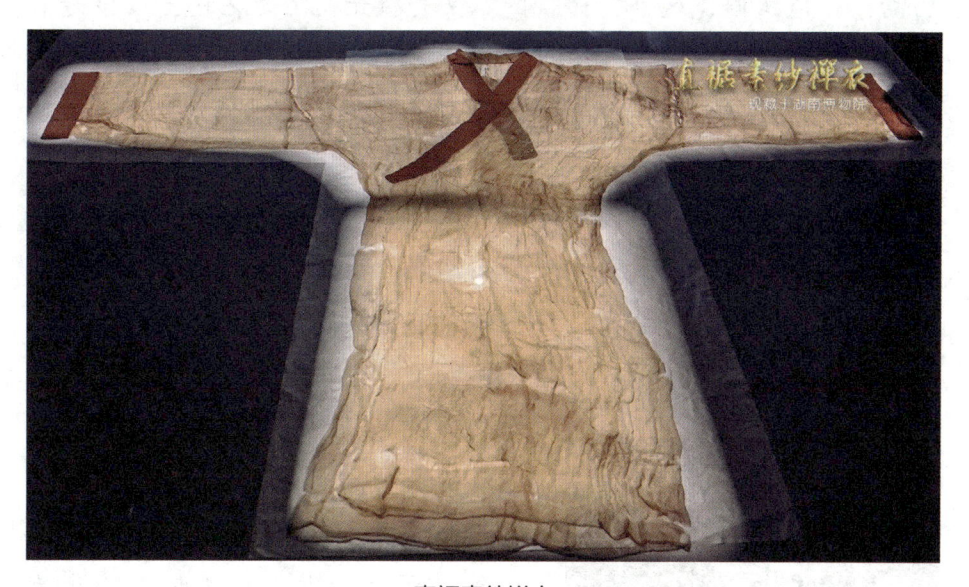

凤纹绣绢袱衣

直裾素纱禅衣

答案：

正襟危坐、集腋成裘、凤冠霞帔、
提纲挈领、长袖善舞、冠冕堂皇

第二题　连连看

题目1：请把成语中的字填写正确。

（　　）风沐雨

光可（　　）人

洗尽（　　）华

题目2：请把下列成语和相关事物进行连线。

（　　）风沐雨　　　　彩妆

光可（　　）人　　　　梳子

洗尽（　　）华　　　　镜子

嘉宾点评

杨雨：栉风沐雨，这个"栉"的本义是梳子，但是在这里应该是名词作动词用。《庄子》记载，大禹在治水的时候"沐甚雨，栉疾风"，"栉疾风"是在疾风当中梳头，其实就是用风来给他梳头，"沐甚雨"就是大暴雨来给他洗头，形容风餐露宿的艰辛。光可鉴人，那相关的当然是镜子，不过古代在玻璃引进来之前用的是铜镜，铜镜其实没有我们今天用玻璃做的镜子那么清晰，铜镜要经常打磨，让它光可照人。洗尽铅华，古代的女子非常重视妆容，什么时候她会洗尽铅华、素面朝天呢？通常是丈夫远行了，留守家中的妻子为了表达对丈夫的忠贞，就不再化妆。节目组准备的道具，也有点宝奁尘满、日上帘钩的这样一种历史感。打开，可以看到里面放着古代女子常用的化妆品，有脂粉盒、铜镜，铜镜的背面通常会有各种各样的花纹装饰，比如菱花。还有用来打腮红、涂唇色的胭脂。栉风沐雨里的"栉"，也是鳞

脂粉盒

次栉比的"栉","栉比"就是像梳子的齿一样。这个像螺一样的很精致的物品，就是影视剧里面经常出现的、特别珍稀的画眉用的眉笔——螺子黛。古代女子的妆容对于眉非常重视，眉形多样，有柳叶眉、蛾眉、小山眉等，《诗经》里面描写美女"螓首蛾眉，巧笑倩兮，美目盼兮"，画眉是古代女子妆容必不可少的最基础的一环。

铜镜

胭脂

栉

螺子黛

王巍： 我看到这个漆奁，就想到了马王堆汉墓，辛追夫人的墓里就有一个这样的漆奁，有九个小抽屉。抽屉装什么呢？假发、梳子、篦子、粉扑，还包括眉笔，非常有意思，都是当年的女性不可缺少的化妆品。

漆绘双层九子奁

锥画纹双层六子漆妆奁

王端端：我特别想了解一件事，在考古发现中，古人有没有类似现代口红的化妆品？

王巍：还真有。在距今约3500年前的新疆小河墓地，我们发现了涂口红的口红棒。口红棒是用什么做的呢？是用牛的心脏做的，因为心脏富含油脂，再结合赤铁矿粉使用。小河墓地的每一个女性都有一个小包，包里边都有这种化妆品，很多女性的额头都抹成红颜色，就是用那个"口红棒"蘸着赤铁矿粉，像用蜡笔似的涂抹在脸上，现在应该叫油妆，很有意思。那个地方很干燥，这么做也许有滋润皮肤的作用。

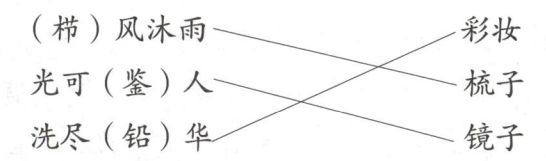

答案：
（栉）风沐雨 —————— 彩妆
光可（鉴）人 —————— 梳子
洗尽（铅）华 —————— 镜子

第三题　情景题

题目1

《三岔口》取材自《杨家将演义》，是一出经典的京剧传统短打武戏。它讲的是任堂惠在三岔口夜宿，与店主刘利华因误会而引发争斗的故事。接下来的题目，也将围绕这一片段展开。

京剧《三岔口》选段

成语探华夏

请问下列哪个成语，最适合用于对打戏的描述呢？

A. 插科打诨　　　　B. 大打出手　　　　C. 稳扎稳打

嘉宾点评

杨雨："扎"其实是指打仗时的扎营，扎的是步步为营的"营"。插科打诨，"科"是动作，"诨"是很滑稽、很搞笑的台词，用来调节戏剧的气氛。他们刚才这段完全是对打，没有对白，插科打诨用在这里就不对。而戏曲当中他们这段非常经典的武打戏正好诠释了大打出手这个成语。

王端端：在戏曲当中，大打出手的经典片段也蛮多的，《三岔口》是其中之一。

王巍：包括《穆桂英挂帅》《杨门女将》好多打戏，我觉得打戏是京剧的精粹之一。

答案：

B. 大打出手

题目2

下面三个成语，请大家猜一猜哪个与戏曲化妆最为相关？

A. 粉墨登场　　　　B. 略施粉黛　　　　C. 淡扫蛾眉

嘉宾点评

杨雨：看看他们两个人的妆容就知道，粉墨登场，"粉"就是傅粉，"墨"就是施墨，眉毛是施墨，武丑鼻尖上的"豆腐块"属于傅粉。粉墨登场的"场"其实就是舞台，指唱戏的这个场子，所以粉墨登场是跟戏曲舞台直接相关的。另外两个选项，略施粉黛、淡扫蛾眉都说的是女性日常的妆容。比如淡扫蛾眉，"却嫌脂粉污颜色，淡扫蛾眉朝至尊"，说虢国夫人天生丽质，不用浓妆，直接淡扫蛾眉，几乎是素颜就去朝见唐玄宗了，说明她对自己美貌的自信。略施粉黛就是化淡妆，日常当中女子多数都是略施粉黛。这两个成语都跟戏曲没有关系。

张萱《虢国夫人游春图》（局部）

王端端：王老师，是不是考古当中关于戏剧、戏曲的元素也是蛮多的？

王巍：现存最古老的戏曲形式应该是傩戏。傩戏在西南部少数民族地区还可以看到，特点是戴着面具。按照文献记载，傩戏是商周时期的方相氏驱鬼演变而来的，方相氏驱鬼同样是戴着面具。另外汉代还流行各种各样的俑，如百戏俑，呈现出各种各样的表情和姿态，有的还有点像杂耍。

傩戏面具　　　　　　　　　　汉代·百戏俑

答案：

A. 粉墨登场

二、有滋有味

第一题　消消乐

请从以下二十五宫格中选出成语。

米	丰	一	精	燃
足	粟	兵	鱼	五
煮	黄	谷	海	一
分	乡	豆	梦	粮
沧	萁	之	登	梁

100

◆ 嘉宾点评

杨雨： 这些成语没有跟吃直接相关，但都跟吃间接有关。比如沧海一粟出自苏轼《前赤壁赋》中的"渺沧海之一粟"，形容人的渺小，就像沧海里面的一颗小米一样。黄粱一梦这个故事其实也蕴含着人生如梦的深刻哲理，这边还在蒸着小米饭，那边赶考的卢生已经做了一场梦，梦里经历了人生所有的跌宕起伏、荣华富贵，一梦醒来，饭还没有完全熟。

王端端： 我们看这六个成语，都跟我们的主食有关，有粱，有粟，有豆，有米，平常总说人是吃五谷杂粮长大的，"五谷"究竟是哪五谷？

王巍： "五谷"说起来很有意思，古人说法不一，我们现在一般认为是粟、黍、稻、麦、豆。豆在古代叫"菽"，粟是小米，黍是黏的黄米。根据现在的考古发现，大约在一万年之前，长江中下游的先民驯化了水稻，华北地区发现了对粟、黍的栽培，这三种农作物都是我们的先民对世界的贡献。小麦原产在西亚，据现在的考古发现，小麦大约是在距今 5000 年的时候从西亚传到中国境内，到距今 4500 年左右在黄河中游地区成为一种重要的农作物。大豆大约是在 4000 多年前在黄河中游地区栽培的。所以粟、黍、稻、麦、豆至少在距今 4000 多年前，相当于尧舜时期，就已经齐备了。

浙江浦江上山遗址的炭化稻米

世界最早的栽培粟和黍

成语探华夏

若羌县小河墓地出土的小麦

周原遗址出土的炭化大豆粒

答案：

黄粱一梦、沧海一粟、煮豆燃萁、

鱼米之乡、五谷丰登、兵精粮足

第二题　连连看

题目1：请把成语中的字填写正确。

钟鸣（　　）食

举（　　）齐眉

推杯换（　　）

题目2：请把下列成语和对应的图片进行连线。

钟鸣（　　）食　　举（　　）齐眉　　推杯换（　　）

嘉宾点评

杨雨：本题中三个成语都与我们的生活器具有关，鼎、案、杯、

102

盏，案、杯、盏是寻常百姓都可以用到的一些食具。案就是带矮脚的托盘，上面可以摆放食物。举案齐眉一般形容夫妻间相敬如宾。这个故事大家可能都知道，梁鸿的妻子对他很尊敬，每次吃饭的时候，总是把案托到齐眉高，以示对她丈夫的尊重。而推杯换盏，比如春节聚会，一家人在一起喝得开心的时候，也会推杯换盏，形容聚会的气氛融洽。

王巍： 换盏是什么意思？是交换酒杯。在古代，关系特别好的人之间，把自己的酒杯连酒送给朋友，让朋友来喝，这是非常亲密的关系的表现。

王端端： "换"在这里体现出了一种友爱。钟鸣鼎食，先说这个"鼎"。我们感觉它非常的高贵，以前说贵族人家是"钟鸣鼎食之家"，形容一个人说的话分量重、作用大，叫一言九鼎。这个"鼎"，考古当中关于它的记载太多了，贯穿整部中国史。

王巍： 先民吃饭需要煮炊的锅，最早是用陶土制成的陶锅。那时候的锅就只有圆底，壁很厚，用三个石头块儿垫起来，下边生火。后来就在圆底锅下面加三个足，支撑住，这就形成了鼎。河南偃师二里头遗址，可能是夏代后期的都城，最早发明了冶铜术，铸造了铜鼎。铜鼎是煮肉用具，也是祭祀祖先的器具。当然，贵族才能用铜鼎。等到了商和西周时期，形成了天子、诸侯等阶层，不同的身份用不同的鼎，天子九鼎八簋，诸侯七鼎六簋，卿五鼎四簋，而且装什么东西都有严格讲究，簋是盛饭的，鼎是盛肉的。等到春秋时期，各诸侯国力量强大起来了，诸侯就也有用九鼎八簋的了，比如在河南的三门峡虢国墓地，国君墓当中就有九鼎八簋，而且这些鼎形状一致，叫"列鼎"，鼎和簋都是排列有序的，鼎和簋成了王权象征。楚国国君势力强大了，问周王的使者："你那个鼎有多重？把你周王室的鼎搬到我楚国来。"这就是楚庄王问鼎。可见鼎确实成了国家王权的象征。

楠木园遗址出土陶釜

跨湖桥遗址出土陶釜支座

九鼎八簋

二里头文化·陶鼎

第三期　人间烟火

网格纹铜鼎

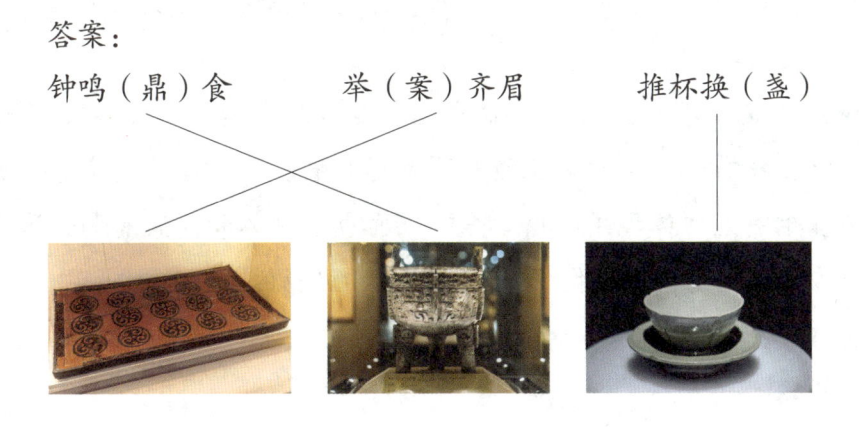

答案：

钟鸣（鼎）食　　举（案）齐眉　　推杯换（盏）

第三题　情景题

题目1

对食物烹饪的追求自先秦时代就已经开始了，《论语》中就曾记载孔子对食物烹饪的总结，"食不厌精，脍不厌细"。食不厌精并不是要我们奢侈浪费，

105

而是要采用娴熟的烹饪工艺来加工，才能做到饮食体验的极致追求。在这里我想给各位朋友出道题。

成语"食不厌精"中的"厌"是什么意思？

A. 厌恶　　　　B. 抑制　　　　C. 满足

嘉宾点评

杨雨：食不厌精，"精"就是精舂过的上等的好米，这句话是孔子说的。在《论语·乡党》篇中记载，孔子作为儒家的创始人，对饮食礼节的讲究有些烦琐，比如，食物变质了肯定不能吃，肉切得不端正不能吃，零食不能吃，不到饭点不应该吃饭，吃肉的时候配的酱料不对不能吃。《礼记》说，喝汤的时候不能哧溜溜地持续发出声音，毋反鱼肉，就是说吃过的东西不能咬了一口又放到餐盘里，这样都是不符合礼仪、特别不礼貌的。像这样的饮食礼仪到现在还是非常重要的。

王巍：中国是礼仪之邦，饮食文化也是我们优秀传统文化的一部分，比如我们小时候被家长教育不要吧唧嘴、冷热不能同食等。有很多规矩一方面体现了礼仪，另一方面也对身体和健康有利，这些优秀传统文化是值得我们好好地去继承和弘扬的。

答案：

C. 满足

题目2

大家都知道邯郸是成语之都，与邯郸有关的成语有1584条，为此我们专门推出了一套成语宴。比如有一道菜的名字，是邯郸有名的成语，叫"一言九鼎",它的盛器是一个鼎的形状,里面的菜是用牛舌来做的。这道菜,大家看非常漂亮,是我们用冬瓜和扇贝做的,冬瓜经过加工以后,晶莹剔透,相当于一个很完美的玉璧,叫"完璧归赵"。那么,我要考考各位了,这里有道主食,由十个窝窝头组成,其中八个加了野菜,另外两个颜色也不相同,这道主食的灵感来源于一个成语,你们知道是哪个吗?

才高八斗示意图

请问这道主食的灵感可能来自哪一个成语?

— 嘉宾点评 —

杨雨:为什么是十个窝头,而且还有八个窝头是同一个颜色?其实跟后面隐藏的才高八斗的典故有关。南朝的时候,著名的诗人、王谢大家族中的谢灵运,特别自负地说,天下的才华一共是一石(一石等于十斗),曹子建(曹植)独得八斗,他一个人的才华就有八斗那么多，我谢灵运得其中一斗，其他人分余下来的那一斗。这道题目是这样来的，它最佳的答案是才高八斗。金玉良缘贴合了颜色，玉的翠色和金的黄色，但是金玉良缘应该是一对一的匹配。

答案：
才高八斗

三、有家有业

第一题　消消乐

请从以下二十五宫格中选出成语。

足	头	之	上	草
含	伦	手	白	弄
明	老	寸	快	乐
春	孙	天	珠	情
偕	深	掌	饴	晖

=嘉宾点评=

杨雨：这几个成语特别有意思。寸草春晖出自孟郊的《游子吟》，白头偕老指夫妻白头偕老，含饴弄孙是指祖父母辈跟孙子辈和谐默契的关系。但是有两个成语，它原来的寓意跟现在常用的意义会有一些偏差。掌上明珠，现在形容父母对女儿的珍视，但最早是形容情侣的关系，出自晋代傅玄的一首诗《短歌行》："昔君视我，如掌中珠"，当初你看我，就像掌上的明珠一样；"何意一朝，弃我沟渠"，但是现在你把我抛到水沟里面去；后面还有几句说，你现在不理我，就像流星一样转瞬即过。天伦之乐早期其实也是形容类似于手足情深的兄弟朋友的关系。这个成语出自李白写给他堂弟的《春夜宴从弟桃花园序》，"会桃花之芳园，序天伦之乐事"，是兄弟之间的一种情谊。但是今天天伦之乐也可以泛指亲人之间和谐相处、亲密无间的感情。所以成语的出处、来路，跟它后来引申的含义可能会大不相同。

王巍：甲骨文表达的家的概念很有意思，上边是一个房子，里边是一只家养的猪，家猪当时是很重要的财富。什么时候开始有家、盖房子？是随着农业的出现，人们开始种田、养猪，因而定居了下来，为了遮风挡雨，开始盖房子。有亲缘关系的人随之就住得近起来，比如往往开始是几口之家，子女结婚了，在父母的房子旁边再建一间，形成一排房，一间一间的，可以看出是一个家族。所以血缘的关系在居住的形态上也能看出来。

答案：

寸草春晖、手足情深、白头偕老、

含饴弄孙、掌上明珠、天伦之乐

第二题　连连看

题目1：请把成语中的字填写正确。

宜（　　）宜家

海屋添（　　）

绵绵（　　）瓞

成语探华夏

题目2：请把下列成语和对应的事件进行连线。

宜（　　）宜家　　　　　结婚

海屋添（　　）　　　　　生子

绵绵（　　）瓞　　　　　祝寿

嘉宾点评

杨雨：这真是在人生的不同阶段表达美好愿望和美好期待的三个成语。海屋添筹表达一种时间的概念，苏轼的《东坡志林》里，一个老人说，每次当海水变桑田时，"吾辄下一筹"，放一个竹子做的筹，现在这个筹已经集了多少了呢？"尔来吾筹已满十间屋"，这样的筹已经堆了十间屋子。我们说一次沧海桑田的轮回都已经是无限的时间，它已经集了十间屋的筹，所以"海屋添筹"是一个非常非常长，长到超越我们想象的时间观念，用来祝福"您的福寿绵长，长到没有尽头"。宜室宜家出自《诗经·周南·桃夭》："桃之夭夭，灼灼其华。之子于归，宜其室家。"绵绵瓜瓞也是出自《诗经》，"瓜"就是大瓜，"瓞"就是小瓜，一个藤里面大瓜小瓜一串一串接着来，那就是子子孙孙无穷尽也。

王端端：所以我们的成语特别具有画面感，我们从考古上也能够看得出来，中华民族特别注重人生的一些重要阶段。

王巍：对，首先是对生命的尊重，在人生的各个阶段都有一些礼仪，比如成丁礼，包括生子、大婚等，这些礼仪实际是中华优秀传统文化非常重要的组成部分，通过这些礼仪能融洽家庭的关系、夫妻的关系、父子的关系等。刚才讲的天伦之乐，还有琴瑟和鸣等，都是非常和谐的人际关系。这是我们的先辈对这种良好的人际关系的期待和向往。

答案：

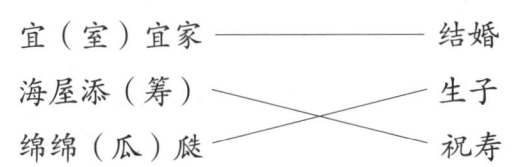

宜（室）宜家 ——————— 结婚

海屋添（筹） ⤫ 生子

绵绵（瓜）瓞 ——————— 祝寿

第三题　情景题

题目1

孟母与邹母剧照

战国时期，孟子的母亲为了给孟子创造一个良好的成长环境，三次搬家。

时间：战国时期某日

地点：孟子家中

人物：孟母、邹母

邹母：（在门外）孟家妹妹，忙着呢？

孟母：（从织机旁站起身）二婶来了，快请进！您坐。

邹母：妹妹，你们孤儿寡母的，生活着实不易，有什么困难，跟我说，咱们邻里之间就该互相帮衬。

孟母：好，一定。

邹母：可是你们生活拮据，怎么听说你们搬了好几次家？

孟母：（淡然一笑）孩子他爹走得早，轲儿那时候还小，我带着他住在墓地附近。有一日他外出游玩回来，竟带了几个泥巴捏的小棺材，摆在院子里头，绕着圈地对着那棺材磕头、哭丧。

邹母：哎哟，他是跟谁学的呀？

孟母：还不是因为家旁边有个墓地，天天看人家办葬礼！轲儿也不懂其中的含义，只觉得好玩，便有样学样了。

邹母：（笑）这孩子！

孟母：为了不让他每日只知道学这些，我便带他搬到了城里。

邹母：搬到城里好。

孟母：可即便搬到了城里，怎知旁边有一个市场，每日也是十分吵闹，轲儿也没有办法静下心来好好学习。

邹母：要我说啊，妹妹，你和轲儿搬到这里，算是来对了！这儿安静，周边环境又好，你家轲儿将来肯定能成才！这其中的原因，我想《成语探华夏》的各位选手肯定知道！

请问，孟母经过多次搬迁，最终选择的居住地，有什么便利条件？

A. 距离学校很近　　B. 距离宗庙很近　　C. 距离书店很近

= 嘉宾点评 =

王巍：刚才讲到孟母三迁，如果观察古今中外的一些成功人士，会发现他们的家庭中，母亲一般都发挥着重要作用。如果没有孟母择邻处、断机杼，哪有孟子后来圣人的地位。不仅仅是母亲，再比如说妻子，《后汉书·列女传》讲到河南有个乐羊子，乐羊子在路上捡了一块金子，很高兴，就拿给他妻子。他妻子说有气节的人不能去拾这种不义之财，他很惭愧，就把金子扔了。后来他妻子鼓励他去苦读，他学了一年又回来了，妻子说："你回来干吗？"他说："我挺想你的，回来看看。"他的妻子正在织布，一下就把布剪断了，她说："我成年累月地织布才织成这样，现在抽梭断线就织不成了，跟你学习一样，你学习半途而废就会一事无成。"乐羊子非常惭愧，立志去学习，苦读七年，终于成才。

答案：
A. 距离学校很近

题目 2

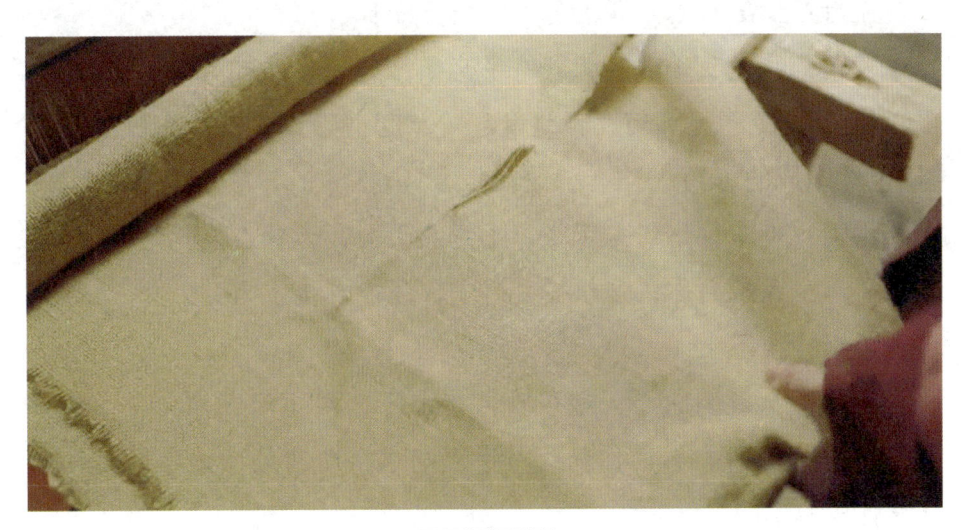

孟母断杼剧照

时间：战国时期某日
地点：孟子家中
人物：孟母、孟轲

孟轲：母亲！我回来了！

（孟轲拿出玩具，随手把书包往桌上一丢，玩起玩具来）

孟母：轲儿回来了，作业都做完了吗？

孟轲：（眼珠滴溜儿一转）今日先生没留作业，只让我们背书！我早就背下来了！

孟母：早就背下来了？那好，那你将书拿过来背给我听。

孟轲：（心虚地）我、我……我等晚上再复习复习……

孟母：晚上还怎么背书，你现在就背。什么时候背下来了，什么时候再吃饭！

孟轲：子路、曾皙、冉有、公西华侍坐……

孟母：孟轲！

孟轲：（惊惧，心虚）母亲……

孟母：你怎么总是背着背着就没声了！

孟轲：我、我……我背到一半忘了，想起来才接上的……

孟母：（冷着脸）轲儿你过来！（拿起剪刀，弄断织布机上的织[用色丝织成的彩帛]）

孟轲：母亲！这织您可是织了好几天的，为什么要把它弄断！

孟母：我来问你，这织被割断了，还能再接上吗？

孟轲：接不上了。

孟母：织被割断了，就很难再接上了，学知识、学文化，跟为娘织布有何区别。你说你背到一半便忘了，断断续续的学问又算什么学问呢？

（孟轲低头不语）

孟母：轲儿，人的道德一旦被斩断，即便再接上，也会留下缝补的疤痕。要是你不能够好好学习，那才是真正的可惜呀！

孟轲：娘，我知错了！我今后一定好好学习，好好用功！

孟母：好。

请问下列哪个成语，也与伟大的母爱有关？

A. 截发留宾　　　　　B. 结草衔环　　　　　C. 举案齐眉

嘉宾点评

杨雨：截发留宾出自《世说新语·贤媛篇》，说的是著名诗人陶渊明的曾祖辈陶侃。陶氏家族特别地贫穷，同郡有个士大夫叫范逵，经过陶侃家，就在陶侃家留宿，可他们家真的是家徒四壁，拿不出任何好吃的好喝的来招待贵宾，陶侃的母亲就跟陶侃说："儿啊，你不用担心，你去好好地待客，我来帮你想办法。"他的母亲就把自己的长发剪断，去换了好米、好菜，让陶侃好好地去招待范逵，这就是著名的"截发留宾"的故事。其实陶侃的母亲是在用自己的智慧去帮助她的儿子积累良好的声誉。后来陶侃果然凭借赫赫的军功，在特别注重门第出身的时代，跻身于大家族的行列，被封为长沙郡公，这跟他母亲传递给他的力量和智慧是有密不可分的关系的。

选项B结草衔环讲的是"结草"和"衔环"两个故事。"结草"是讲春秋时期有个大夫叫魏颗，他的父亲去世后，他没有让父亲的妾去殉葬。所以妾的父亲来报恩，在一次战斗的时候用草打成草结，帮助魏颗绊住他的敌人，让魏颗获胜，用这种方式来报答魏颗。"衔环"又是另外一个故事，东汉的时候有个儿童，救了一只黄雀，黄雀衔来四枚白环来报恩，这个环可以保他的家族子子孙孙世代洁白，身居高位。这就是"结草衔环"的故事，用来表示感恩图报。

王端端：我们知道中国有四大贤母，陶母、孟母这二位女性都是跻身其中的。

杨雨：对，孟母、陶母、岳母，还有欧母，也就是欧阳修的母亲。欧阳修四岁而孤，有个跟他有关的著名成语"画荻教子"。他们家也很穷，欧阳修的母亲就拿荻草的草秆在地上教小小的欧阳修认字。岳飞的母亲在岳飞背上刺字，让他精忠报国。这都是四大贤母传递给子女后代的智慧。

答案：
A. 截发留宾

四、有喜有忧

第一题　消消乐

请从以下二十五宫格中选出成语。

望	毒	治	苦	闻
药	如	君	以	炮
攻	臣	良	分	使
法	之	佐	制	毒
问	医	而	口	切

— 嘉宾点评 —

杨雨：如果我们去看中医、开中药的话，很多人就会知道君臣佐使这个成语。一般一服中药有很多味药，其中会有一味药是君药，发挥最主要的疗效，其他的药是辅助，使它的疗效更好，那几味药称为臣药。主药和辅助的药，其实就对应君臣秩序，所以叫"君臣佐使"。望闻问切是中医问诊的方法，就是通过观察脸色、听声音闻气味、询问症状、切脉来跟病人沟通。分而治之，是根据不同的病人、不同的症状、不同的病况，采用不同的治疗方法。再比如良药苦口，这点我估计很多吃过中药的人都会有切身的感受。我们说良药苦口利于病，中医的很多理论其实也跟人世间的很多道理相通。

王端端：是。说起来我们的中医药文化，也是传承了数千年。海昏侯墓当中发现了地黄，而且是炮制过的。由此可见，我们古人对于中药的使用已经有几千年的历史了。

王巍：目前考古发现，最早的药方是1973年在长沙马王堆汉墓当中出土的帛书《五十二病方》，其中光药方有283个，涉及中药247种、病名103种，包括内科、外科、妇科、儿科、五官科。虽然药方是西汉的，但是肯定是对在此之前的一些中药方的汇集。所以中药的使用确实至少有两千多年的历史，我们的中医也确实是博大精深。

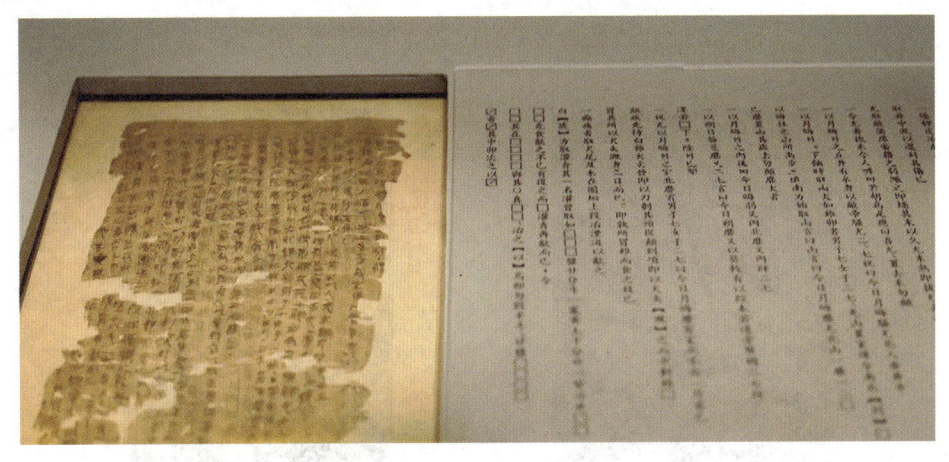

马王堆汉墓出土《五十二病方》

答案：

望闻问切、分而治之、如法炮制、

良药苦口、以毒攻毒、君臣佐使

第二题　连连看

题目1：请把成语中的字填写正确。

豆（　　）年华

金（　　）脱壳

牛溲（　　）勃

题目2：请把下列成语和相关类别进行连线。

豆（　　）年华　　　　菌类

金（　　）脱壳　　　　动物

牛溲（　　）勃　　　　植物

嘉宾点评

杨雨：豆蔻年华、金蝉脱壳两个成语比较常见。豆蔻是一种植物，可以入药。金蝉脱壳，我们知道蝉变为成虫时要蜕掉壳，那个蝉蜕也是可以入中药的。牛溲马勃这个成语相对来说比较生僻，但是韩

豆蔻

蝉蜕

愈的《进学解》就讲到"牛溲马勃，败鼓之皮。俱收并蓄，待用无遗者，医师之良也"，就是说好的医师会将这些东西运用得特别好。这里的"牛溲"有两种不同的解释，一种解释为牛尿，一种解释为车前子。"马勃"是一种菌类。所以我们的文学经典，尤其是古典诗词中，仿佛蕴含了一座中医药的宝库，比如《诗经》里"中谷有蓷"的"蓷"就是益母草，"采采卷耳"的"卷耳"就是车前子；还有《楚辞》里"辛夷车兮结桂旗"的"辛夷"也可以入药。成语也是了解中医药名的一座宝库。

王巍： 中药很多是植物，必须经过炮制。在考古发现中被认定是中药材的遗存，最早可追溯至8000年前的浙江杭州萧山跨湖桥遗址，遗址中出土的一个陶罐，盛着一捆植物，推测这是在煎制的草药。中药经过炮制，去除一些毒性，把有用的成分保留在药液里，这是我们祖先的一个经验总结。中医重要的组成部分还有经络之学，包括针灸。四川成都老官山汉墓出土的人体模型，上边的经络，包括穴位都标注得非常清楚，让我们非常震惊，而且跟现在我们中医认识、了解的经脉等非常相似，这可以说是中国医学史上一个非常重大的发现。

跨湖桥遗址出土绳纹陶釜

老官山汉墓出土经穴漆人

答案：
豆（蔻）年华　　　　　菌类
金（蝉）脱壳　　　　　动物
牛溲（马）勃　　　　　植物

第三题　情景题

题目 1

悬壶 AI 生成图

　　东汉时期，汝南郡集市里有一位神秘的老翁，总在药铺门前悬挂一只葫芦，也叫壶。每天傍晚，老翁总在药铺门前细心照看病人，可当夜幕降临时，却会神秘消失。老翁的秘密被市场管理员费长房发现，他每天在楼上看着老翁跳入葫芦神奇消失。这天，费长房终于忍不住前去拜访。老翁也不遮遮掩掩，邀请他一同进入葫芦。老翁自称天庭上仙，因犯错被贬，如今刑满将放，临别赠费长房一根青竹，费长房驭竹而行，十日后回家竟发现已过了十年。此后，费长房继承仙术，成为名扬四海的神医。

请问下列哪个成语和费长房的故事有关？

A. 箪食壶浆　　　　B. 悬壶济世　　　　C. 一壶千金

嘉宾点评

杨雨：这三个选项还蛮有意思的，都提到了壶。箪食壶浆出自《孟子》"箪食壶浆以迎王师"，表示群众特别热烈地去欢迎的意思。一壶千金出自《鹖冠子》，更多是一种辩证的思想，同样是一个壶，当它管用的时候就价值千金，它不管用的时候可能就不值一钱。悬壶济世讲的就是费长房向壶公拜师学艺的故事。

王端端：平时我们看到的一些传说故事，像八仙过海当中的铁拐李，他就随身带一个那么大个儿的葫芦，还有说"不知葫芦里卖的什么药"，我们说的这些俗语当中都暗含着悬壶济世里边的这个"壶"的意味。

王巍：这个葫芦在古代叫"瓠（hù）"，也有念"匏（páo）"的。夸加一个包字念"匏"，夸加一个瓜字念"瓠"，这两个字据古文的解释都是指葫芦。著名的医生张仲景，他的画像通常也是挂着一个葫芦。葫芦还有很多寓意，比如古人结婚的时候，要把一个葫芦劈成两半，做两个瓢，夫妻来共饮。

王端端：合卺之礼。

王巍：对。葫芦也有福禄的意思。

答案：

B. 悬壶济世

成语探华夏

题目2

虎守杏林 AI 生成图

　　董奉是三国时期的医药学家，医术高明。交趾太守士燮病死已三日，董奉用一颗药丸将他救活，四日后便如常人。这就是成语董奉活燮的来源。董奉居住在庐山下，为人治病不收钱。重病患者治愈后需在庐山下种五棵杏树，轻症患者治愈后种一棵杏树。几年下来，庐山下的杏树就有十多万棵，蔚然成林。杏子成熟时，红彤彤的一片，董奉用这些杏子与人换谷子，拿谷子救济穷人。相传有三四头老虎常年守护着这片杏林。若有人偷杏子或者多拿了，便有老虎来追赶，若公平交易，则相安无事。此后，庐山下的买卖交易非常公平。

　　以下哪个成语适合形容董奉的医术？

　　A. 手到病除　　　　B. 妙手偶得　　　　C. 信手拈来

=嘉宾点评=

王端端：杏和医生有很大的关联，我们要是夸奖一位医生医术高明会说他"杏林高手"，如果说这位医生很有医德叫"杏林春暖"，那为什么杏会与医生这个职业有这么广泛的联系？

杨雨：这是记载在葛洪的《神仙传》当中的一个故事，建安年间有一个名医叫董奉，他的医术特别高明，但是他治病不收钱，要求病人如果是大病痊愈了就栽五棵杏树，如果是小病痊愈了就栽一棵杏树，没有多久就栽种出了成片的杏林。而且传说他还曾经给老虎治好了病，老虎为了报恩，就为他守住了这片杏林，久而久之就有了虎守杏林这样一个典故。而我们这道题目当中的妙手偶得和信手拈来都是形容写文章、写诗文的那种灵感触发的特别的状态，陆游说"妙手偶得之"，苏轼说"信手拈来俱天成"，那是形容文学家创作的一种灵感迸发的状态。

王巍：杏林跟杏坛有时候容易混淆。杏坛是传说孔子周游列国，在杏坛教弟子读书，所以杏坛成了讲学的一个象征。

杨雨：到唐朝，科举考试考中进士以后要有探花宴，探的那个花也是杏花。

王端端：我们经常会用植物代表某一群体或形容人的品格，比如用梅兰竹菊形容君子。

杨雨：还有岁寒三友。

答案：

A. 手到病除

第二环节　扶摇直上

在本环节中，两组选手将进行快问快答的比拼，每答对一题加1分。答错则将答题权转交给另一组，依此循环，率先得到20分的一组胜出。

快问快答　　　　　先知先觉

1. 竹苞松茂比喻家门兴盛，请问"苞"的意思是什么？
答：发芽。✘（正确答案：茂盛）

> 苞：茂盛。用来祝贺新屋落成或祝人长寿。

2. 小康之家出自哪部典籍？
答：《礼记》。✔

> 出自《礼记·礼运》："今大道既隐，天下为家……是谓小康。"

3. 青梅竹马中的"竹马"是什么意思？
答：当马骑的竹竿。✔

> 竹马：儿童放在胯下当马骑的竹竿。

4. 金屋藏娇说的是谁的故事？
答：汉武帝（刘彻）。✔

> 娇：原指汉武帝刘彻的表妹陈阿娇。

5. 破镜重圆的故事发生于哪个历史时期？
答：南北朝（或南朝陈代）。✔

> 南朝陈代将要灭亡时，驸马徐德言把一面铜镜破开，跟妻子乐昌公主各藏一半，预备失散后当作信物，后来果然借这个线索而夫妻团聚。

第三期　人间烟火

6.新婚燕尔中的"燕尔"是什么意思？

答：亲吻。　✘（正确答案：快乐的样子）

> 形容新婚非常快乐。

7.成语让枣推梨中的"让枣"和"推梨"分别指谁？

答：王泰和孔融。　✔

> 让枣：南朝梁王泰的故事。推梨：汉代孔融的故事。

8.埙篪相和用来形容什么人的关系和谐？

答：兄弟。　✔

> 比喻兄弟和睦。

9.衣冠楚楚中的"楚楚"是什么意思？

答：鲜明、整洁的样子。　✔

> 形容人衣帽穿戴得整齐，漂亮。

10.觥筹交错出自《醉翁亭记》，还是《岳阳楼记》？

答：《醉翁亭记》。　✔

> 出自宋·欧阳修《醉翁亭记》。

11.布帛菽粟中的"菽"指的是豆类，还是蔬菜类？

答：豆类。　✔

> 菽：豆类的总称。

12.鳞次栉比常用来形容什么事物排列整齐、密集？

答：房屋（或船只）。　✔

> 形容房屋或船只密集。

125

成语探华夏

13. 漱石枕流指什么人的生活，王公贵族还是山中隐士？

答：山中隐士。 ✓

> 指隐居生活。

14. 美轮美奂中的"轮"和"奂"是什么意思？

答：高大、众多。 ✓

> 轮：高大。奂：众多。形容房屋高大众多。

15. 瓮牖绳枢最早形容谁家境贫苦？

答：陈涉。 ✓

> 出自《过秦论》："然而陈涉瓮牖绳枢之子，氓隶之人，而迁徙之徒也。"

16. 钟鸣鼎食出自哪篇文章？

答：《滕王阁序》。 ✓

> 出自唐·王勃《滕王阁序》："闾阎扑地，钟鸣鼎食之家。"

17. 蝉冠豸绣指的是丞相的冠服，还是御史的冠服？

答：丞相的冠服。 ✗ （正确答案：御史的冠服）

> 蝉冠：貂蝉冠。豸绣：绣着獬豸的补服。古代御史大夫的冠服。

18. 霜露之病指什么导致的疾病？

答：寒冷（因受风寒）。 ✓

> 指因受风寒而引起的疾病。

19. 肥马轻裘最早用来形容谁的生活，公西赤还是端木赐？

答：端木赐。 ✗ （正确答案：公西赤）

> 《论语·雍也》："赤之适齐也，乘肥马，衣轻裘。"描述了公西赤出使齐国的情景，反映了当时贵族出行的奢华和排场。

20. 病入膏肓中的"膏"指哪里的脂肪，心脏还是肝脏？

答：心脏。 ✓

> 膏肓：古人把心尖脂肪叫膏，心脏和隔膜之间叫肓，认为是药力达不到的地方。

21. 引吭高歌中的"吭"指的是什么？

答：喉咙。 ✔

放开嗓子大声歌唱。

22. 成语二竖为虐中，用"二竖子"指称什么？

答：植物繁多、树木葱茂、人才济济。 ✘ （正确答案：病魔）

《左传·成公十年》有"公梦疾为二竖子"句。形容病魔缠身。

23. 甑尘釜鱼中的"甑"是用来干什么的？

答：蒸煮食物。 ✔

甑、釜：做饭用的器具。

24. 金声玉振是用来形容谁的？

答：孔子。 ✔

出自《孟子·万章下》："孔子之谓集大成。集大成也者，金声而玉振之也。"

25. 高山流水最早出自谁的故事？

答：俞伯牙和钟子期。 ✔

出自《列子·汤问》："伯牙善鼓琴，钟子期善听。"

26. 珠圆玉润最早用来形容什么？

答：诗文。 ✔

比喻歌声或文字优美宛转、自然流畅。

27. 余音绕梁出自哪部典籍？

答：《庄子》。 ✘ （正确答案：《列子》）

出自《列子·汤问》："余音绕梁，三日不绝。"

28. 轻歌曼舞中的"曼"是什么意思？

答：柔美。 ✔

曼：动作柔和。形容歌舞的欢乐气氛。

成语探华夏

29. 米珠薪桂用来形容什么，生活困难还是生活奢侈？
答：生活困难。 ✔

> 米贵如珠，薪贵如桂。形容物价昂贵。

30. 千仓万箱中的"箱"指的是什么？
答：车箱。 ✔

> 箱：车箱。形容年成好，储存的粮食极多。

31. 归马放牛比喻的是什么？
答：战事结束，不再战争。 ✔

> 比喻结束战事，不再用兵。

32. 醍醐灌顶中的"醍醐"指的是什么？
答：酥油。 ✔

> 醍醐：古时指从牛奶中提炼出来的精华，佛教比喻最高的佛法。

33. 未雨绸缪中"绸缪"的本义是什么？
答：用绳子捆东西。 ✔

> 绸缪：用绳索紧密缠捆。比喻事先做好准备工作。

34. 成语梨园子弟用来称呼戏曲演员，这和我国古代哪位皇帝有关？
答：唐玄宗。 ✔

> 据说唐玄宗曾教乐工、宫女在"梨园"演习音乐舞蹈。后来沿用梨园为戏院或戏曲界的别称，梨园子弟泛指戏曲演员。

35. 劳燕分飞中的"劳燕"是指一种鸟吗？
答：不是。 ✔

> "劳燕"是伯劳和燕子。

128

结　　语

王巍：今天我们探索了成语里的日常生活，真是藏着满满的人间烟火气。成语浓缩了历史，浓缩了文化，也浓缩了人情。如果说考古发现是古人社会生活硬件的体现，那成语就是软件。在成语里，我们同样能够看到中国人的生活方式和对美好生活的不懈追求。

杨雨：我特别喜欢《成语探华夏》的"人间烟火"这一期，我理解的人间烟火就是我们在一起，一家人在一起，朋友在一起，我们一起走过绿叶成荫、烈日炎炎的夏日，一起走过七月流火、金风玉露的秋日，一起走过冰天雪地、银装素裹的冬日，又一起迎来草长莺飞、万紫千红的春天，我们一起竭尽全力共同铸就我们的流金岁月。

王端端：山河辽阔，壮丽如斯；星河灿烂，照耀古今。这片土地，孕育了中国人民自强不息的民族精神，也创造出无数的生活智慧。我们经历过历史的风云变幻，也始终追求着生活的幸福康宁。我们的文化传统之所以有温度，有人情味，不只是因为有光辉璀璨的高度，还在于一幕幕温馨而美好的生活瞬间。让我们共同祝愿华夏大地繁荣昌盛、国泰民安。

小游戏　成语接龙

请用给出的成语开始接龙。

【黄粱一梦】黄粱：黄小米。在蒸黄米饭的时间里做的一场美梦。比喻虚幻的事情、不切实际的空想和破灭了的希望。唐·沈既济《枕中记》载：卢生在邯郸旅店中遇见道士吕翁，自叹穷困。道士就借给他一个枕头，要他枕着睡觉。这时店家正蒸黄米饭，卢生在梦中享尽了荣华富贵。一觉醒来，黄米饭还没有熟。

黄粱一梦→梦笔生花→花好月圆→圆颅方趾→趾高气扬→扬长而去→去伪存真→真情实感→感同身受→受宠若惊

【车水马龙】车如流水，马似游龙。形容车马或车辆很多，往来不断。《东观汉记·明德马皇后》："前过濯龙门，见外家问起居，车如流水马如龙。"

车水马龙→龙飞凤舞→舞文弄墨→墨守成规→规行矩步→步步为营→营私舞弊→弊绝风清→清风明月→月朗星稀

【五谷丰登】五谷：指稻、麦、菽（豆）、黍（小米）、稷（高粱），泛指粮食作物；丰登：丰收。泛指年成好，粮食丰收。《六韬·龙韬·立将》："是故风雨时节，五谷丰熟，社稷安宁。"

五谷丰登→登堂入室→室迩人远→远见卓识→识途老马→马放

南山→山穷水尽→尽善尽美→美中不足→足不出户

【兵精粮足】兵士精锐，粮草充足。形容兵力强大，战备充分。明·罗贯中《三国演义》第二八回："刘景升镇守荆襄九郡，兵精粮足，宜与相约，共攻曹操。"

兵精粮足→足不出户→户枢不朽→朽木不雕→雕梁画栋→栋梁之材→材大难用→用一当十→十字街头→头重脚轻

【钟鸣鼎食】钟：乐器；鼎：古代烹煮用的食器。吃饭时击钟奏乐，列鼎盛食。形容富贵人家生活奢侈豪华。《史记·货殖列传》："洒削，薄技也，而郅氏鼎食……马医，浅方，张里击钟。"

钟鸣鼎食→食言而肥→肥头大耳→耳提面命→命中注定→定于一尊→尊贤使能→能工巧匠→匠心独运→运筹帷幄

【举案齐眉】案：有脚的托盘。送饭时，把放饭菜的托盘举得跟眉毛一般齐，表示恭敬。后用来形容夫妻相敬。《后汉书·梁鸿传》："（梁鸿）为人赁春，每归，妻（孟光）为具食，不敢于鸿前仰视，举案齐眉。"

举案齐眉→眉来眼去→去伪存真→真相大白→白首穷经→经邦论道→道骨仙风→风烛残年→年深日久→久而久之

【宜室宜家】指夫妻和睦，家庭和畅。《诗经·周南·桃夭》："桃之夭夭，灼灼其华。之子于归，宜其室家。"

宜室宜家→家长里短→短小精悍→悍然不顾→顾盼神飞→飞蛾投火→火上弄冰→冰壶玉尺→尺寸之功→功成名就

【长袖善舞】穿着长袖衣服，跳舞就容易跳得好看。比喻条件优越事情就容易成功。也用来形容有钱、有势、有手腕的人善于投机钻营。《韩非子·五蠹》:"鄙谚曰:'长袖善舞,多钱善贾。'此言多资之易为工也。"

长袖善舞→舞文弄墨→墨迹未干→干云蔽日→日暮途远→远见卓识→识时达变→变化无穷→穷途末路→路人皆知

【集腋成裘】狐狸腋下的皮虽然很小,但聚集起来就能缝成皮袍。比喻积少成多,积小成大。《慎子·知忠》:"粹白之裘,盖非一狐之皮也。"

集腋成裘→裘马清狂→狂妄自大→大失所望→望风捕影→影影绰绰→绰有余力→力透纸背→背信弃义→义正词严

【栉风沐雨】以风梳发,以雨洗头。形容在外奔波,不避风雨,历尽艰辛。《庄子·天下》:"(禹)沐甚雨,栉疾风。"

栉风沐雨→雨过天晴→晴空万里→里通外国→国富民强→强干弱枝→枝叶扶疏→疏而不漏→漏洞百出→出人意料

第四期　风流人物

大江东去，浪淘尽、千古风流人物。
　　　　——宋·苏轼《念奴娇·赤壁怀古》

　　五千年岁月悠悠，无数风流人物铺就璀璨星河，星河之上我们看到有料事如神、气宇轩昂、谈笑风生的士大夫，有运筹帷幄、定国安邦的政治家，还有勇冠三军、足智多谋、豪气干云的大英雄。今天我们将会聚焦和千古风流人物相关的成语，一起来走进《成语探华夏》之风流人物。

主持人：王宁

成语探华夏

我是一名话剧导演，也是一名编剧。在我导演的中国戏剧故事里，会用到很多精彩的成语。今天我们在《成语探华夏》的舞台上，将会走近一个个历史上的生动形象。无数丰富的成语，活跃在文字的世界里，也活跃在我们的日常交流中。《成语探华夏》既是通过成语感悟中国，也是感受成语故事中了不起的中国精神。

——田沁鑫
第十四届全国政协常委
中国国家话剧院院长
国家一级导演

成语探华夏，华夏越千年。在巍巍的中华历史上曾经涌现出很多的风流人物，有纵横捭阖的谋臣策士，有力挽狂澜的上将统帅，有韦编三绝的鸿儒大家，也有秉持天下为公的圣贤大德。他们之所以能够成为我们这个民族的脊梁，就是因为他们胸怀国家、胸怀民族。所以我们希望今后有一天也能像他们一样满腹珠玑、下笔成章、博学多才，成为一名新时代的风流人物。

——康震
北京师范大学文学院教授
博士生导师

第四期　风流人物

第一环节　探本溯源

一、文人

第一题　消消乐

请从以下二十五宫格中选出成语。

快	毕	形	群	分
入	峻	床	山	贤
至	骸	茂	竹	岭
崇	修	木	婿	林
东	放	群	浪	三

=嘉宾点评=

康震：我们经常说的一个词叫魏晋风度，魏晋时期的人思想不大受束缚，他们崇尚的是做高雅的闲谈。比如《兰亭集序》中记述的是很风雅的事情，三月初三，他们当时四十多人来到水边修禊，这些人在一起不仅谈人生、谈宇宙、谈自然、谈社会，而且还把文字编纂成集，最终用笔现场写下了《兰亭集序》。

王羲之《兰亭集序》冯承素摹本（局部）

答案：

入木三分、崇山峻岭、东床快婿

茂林修竹、群贤毕至、放浪形骸

第二题　连连看

题目1：请把成语中的字填写正确。

心有灵（　　）

青（　　）竹马

曾经（　　）海

题目2：请把下列成语和相关人物进行连线。

心有灵（　　）　　　　李白

青（　　）竹马　　　　元稹

曾经（　　）海　　　　李商隐

— 嘉宾点评 —

康震：青梅竹马是一种跟你一起成长的爱情，正因为从小在一起成长，不仅是爱人，而且成为知己。经过很多社会阅历之后，就心有灵犀，一转身就知道他要干什么，还没开口说话就知道他要说什么。

所以元稹的"曾经沧海难为水，除却巫山不是云"，固然是在他夫人去世了以后写的，但正因为他夫人是在他最落魄、最不发达的时候陪伴过他，所以等到他已经发展得很好了，依然要说"曾经沧海难为水"。这道连线题的三个成语，青梅竹马、心有灵犀、曾经沧海是爱情的三个阶段和节奏，同时也是三个不同的境界。

田沁鑫：就像徐志摩的《翡冷翠的一夜》也是写道"隔着夜，隔着天，通着恋爱的灵犀一点"。元杂剧里非常有名的《西厢记》，写的是一个恋爱的故事，有些爱情悲剧的气质，但是它里边的对抗感很强，表达爱情的突破力，是生命的一种很有力量的表达。

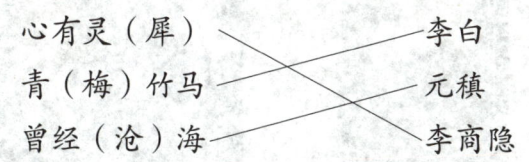

答案：
心有灵（犀）——— 李白
青（梅）竹马 ——— 元稹
曾经（沧）海 ——— 李商隐

第三题　一起来找茬

请从中挑出三个错误成语。

鸿雁传书	废寝忘食	朝秦暮楚	曲径通幽
势如破竹	满腹经伦	雄姿英发	掌上明珠
求同存异	粗茶淡饭	五谷丰登	大刀阔斧
文韬武略	入木三分	东山再起	飞檐走壁
胸有成竹	登堂入室	驷马难追	琼楼玉宇
夙兴夜寐	含饴弄孙	大笔如缘	封狼居胥

答案：

满腹经伦（应为"纶"）

文滔武略（应为"韬"）

大笔如缘（应为"椽"）

第四题　情景题

题目1

苏轼与文同剧照

苏轼的表兄文同，最擅长画墨竹，苏轼和他志趣相投，感情很深，两人还经常开玩笑。

时间：北宋年间某日

地点：文同书房

人物：苏轼、文同

苏轼：表兄。今日表兄怎会有如此雅兴，又在画竹？

文同：这些人，仗着和我亲戚朋友认识，每天都有人来讨要我画的竹子，真是头疼。

苏轼：表兄应该高兴才是。

文同：（放下笔）子瞻你不知道，这些求画的人，脚都快把我那门槛给踩烂了。送来这么多丝绢又有何用？还不如用来做袜子呢！

苏轼：表兄，你这话说的，要让天下士大夫听到了，岂不是贻人口实？

文同：其实子瞻你画墨竹也不错，要不……

苏轼：（摇头）表兄说笑了，我画的那墨竹，和你比起来可差得太远了。假如有人送我丝绢，那我可要好好收藏起来，用来画画，可不敢拿来做袜子。

文同：想当年我豪言要用那绢布画一万尺长的竹子，可这世间哪儿有一万尺长的竹子？

苏轼：不然，不然，这竹子的倒影投射在地上，说不定就有一万尺。

文同：（调侃）真是好辩才，说不过你，说不过你。我虽画不出那一万尺长的竹子，但我却能画得出那种气势。

苏轼：那是自然。不过今天先不忙说这些，赶紧作画。

苏轼和文同的这个故事和哪个成语有关？

A. 茂林修竹　　　　B. 胸有成竹　　　　C. 势如破竹

答案：

B. 胸有成竹

题目2

时间：北宋年间某日黄昏

地点：洋州筼筜谷竹林

人物：文同、文同妻

成语探华夏

文同夫妇剧照

  一日，文同与妻子在竹林间游玩。

  文同：娘子，这山谷里的竹子真多呀，郁郁葱葱，秀丽挺拔。

  文同妻：官人不是喜爱画竹子吗？正可以就地取材，在此画上一幅。

  文同：这倒不急。不过说起这竹子，娘子只知道我喜欢画竹，却不知我更喜欢娘子给我做的竹笋。

  文同妻：你呀，对这竹子的喜爱，都要超过那熊猫了。

  文同：娘子休要取笑。这筼筜谷地处汉中，长出的竹笋是又鲜又嫩，我们当然要饱饱口福了。可是，这样的美景也不可错过，我当要画一幅墨竹，娘子且先回家等我。

  文同妻：那你可要早些回来，莫要等到那竹笋凉了。

  文同：遵命。

  （文同回到家中）

  文同妻：官人回来了。

文同：回来了。

文同妻：你去把刚煮好的竹笋端过来吧。

丫鬟：是。

文同妻：刚刚童儿送来一封信，说是你表弟苏轼寄来的。赶紧拆开看看。

文同：这个子瞻可是好久未来信了。待我细看。（喷出一口饭）

文同妻：念与我听听。

文同："料得清贫馋太守，渭滨千亩在胸中。"（捂着肚子大笑）哈哈哈，这个子瞻，还真是把我这洋州太守当熊猫了。

请问文同夫妇的这个故事，衍生出了一个著名的成语，它是？

A. 令人捧腹　　　B. 令人咋舌　　　C. 令人喷饭

= 嘉宾点评 =

康震：视频里边所有的情节都来源于一篇文章，叫《文与可画筼筜谷偃竹记》，用现在的话来说就是文与可（文同）是怎么画竹子的。第一段说文与可能画竹，他早有成竹在胸。第二段说文与可擅长画竹子，大家都想求画，就把绢帛寄给他，文与可特倔，说："这都是做袜子的材料，我的表弟苏东坡在徐州做知州，你们去找他去，他也是湖州竹派代表人物。"他给苏东坡写信说："将来这袜子都集中到你那儿了。"第三段说文与可在洋州（今陕西汉中）做知州，那里头的山谷里全是竹子，他跟他媳妇在里头游玩，烧竹笋作为晚饭。忽然收到苏东坡寄来的一封信，这信特别有意思，说："我知道那儿的竹子特便宜，你这个又穷又馋的太守，恨不得把一千多亩的竹子都吃了。"文与可正在吃竹笋，看到这封信就喷饭了。文章最后一段谁都没想到，说："元丰二年正月，文与可死了，现在是七月，我把他送我的书画拿出来晾晒，想起我们曾经快乐的时光，就失声痛哭。"整篇文章开始写得很欢乐，俩人逗得好着呢，最后突然亮出这个，大家觉得这是为什么？这是想起当年他们君子之间可以说是放言无忌，文同知道他的幽默，他也知道文同的特点，这样的真朋友，人生在世，知音难觅。

田沁鑫： 我在做苏轼话剧的时候为他也真是心酸了一段时间。其实从黄州到惠州到儋州，是他人生挺大的跌宕，他老人家居然每到一个地方，都有一种极强的生命力，他的这种洒脱简直是不能够想象。你看他的美文也觉得他真是千古奇才，比如《定风波》下阕说"山头斜照却相迎……归去，也无风雨也无晴"。想起苏东坡，我就觉得他真是一个隔世的非常好的朋友。非常地感谢有这样的一次创作机会，和苏轼大人有这样一场隔世的缘分。

话剧《苏堤春晓》排练现场

答案：

C. 令人喷饭

二、神话人物

第一题　消消乐

请从以下二十五宫格中选出成语。

大	雾	针	二	睛
海	火	神	闹	云
七	天	腾	定	广
宫	通	手	眼	变
金	神	十	驾	大

嘉宾点评

康震：对于孙悟空，我确实有着独特的情怀。我上小学的时候就看了《西游记》的小说，首先一个印象就是孙悟空能自由变化，说是七十二变，我感觉什么都能变，十万八千里的筋斗云，拔一根毫毛转眼之间变成千万个猴子，其实《西游记》里面就是通过这些千万变化，展示了孙悟空在天地之间的那种自由的精神。第二就是他完全无畏，孙悟空打一出世就挑战权威，他最大的理想就是做齐天大圣。孙悟空只是个猴，而且是天地所生，连个来历都没有，但是他有这种想法就体现了他敢于挑战权威，而且敢于战斗、善于战斗。中国人从孙悟空身上看到的就是两条，第一是追求自由的精神，第二条是什么呢？无所畏惧，敢于战斗。一定要注意这样一个特点，取经路上的八十一难都是他们的心魔，他们这几个人都在一路克服自己身上的毛病，让自己日臻完善，成为一个自觉的人。所以孙悟空经过了九九八十一难，真正成为一个斗战胜佛，他依然有坚强的心、勇敢的斗志、自由的精神，但他具有了普度大众的心，这是最重要的，这样他就变成了一个仁者，而不只是一个勇者。

答案：
火眼金睛、七十二变、神通广大、
大闹天宫、腾云驾雾、定海神针

第二题 连连看

题目1：请把成语中的字填写正确。

昆山之（　　）

蟾宫折（　　）

湖（　　）山色

题目2：请把下列成语和相关人物进行连线。

昆山之（　　）　　嫦娥

蟾宫折（　　）　　白娘子

湖（　　）山色　　西王母

嘉宾点评

田沁鑫：我觉得中国是一个伟大的浪漫主义的国度，中华民族是很感性的一个民族。我们是个诗歌大国，我们的故事里边的空间结构非常好，像《白蛇传》的故事，也是人、佛、妖三界，妖想成人，人想成佛，都有一种对于生命的感悟。艺术是一种有空间感的、有高维思维的创造力，能启发我们的创造性转化、创新性发展，启发我们的创作。要把中国的这种文化精神继承下来，有了这样的文化自信，那就真是我们民族的幸事。

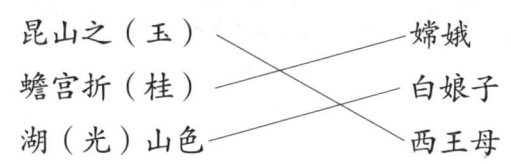

答案：
昆山之（玉）——嫦娥
蟾宫折（桂）——白娘子
湖（光）山色——西王母

第三题　一起来找茬

请从中挑出三个错误成语。

登堂入室	大刀阔斧	五谷丰登	琼楼玉宇
鸿鹄之志	怒目金刚	腾云驾雾	茂林修竹
出神入化	神通广大	大闹天宫	擎天支柱
曲径通幽	鸿雁传书	巧夺天工	势如破竹
朝秦暮楚	废寝忘食	杜鹃涕血	合浦还珠
开天僻地	定海神针	立竿见影	飞檐走壁

— 嘉宾点评 —

康震：神话代表民族的想象力和对自然的一种改造力。实际上人类是很难征服自然的，人只能跟自然相谐和，局部地改造自然以更适应于我们的生存环境。在开天辟地、杜鹃啼血、擎天之柱这些神话里边，我们都能看到人试图在自然当中开辟出一个更适合于自己生存、繁衍和发展的环境，这也符合总书记所强调的"两山论"（绿水青山就是金山银山）。这些神话能够体现出中国古人的智慧，同时也启迪我们当代人应该拥有更高的智慧来对待自然、对待身边的环境。

答案：
擎天支柱（应为"之"）
杜鹃涕血（应为"啼"）
开天僻地（应为"辟"）

第四题　情景题

题目 1

女娲补天 AI 生成图

自从女娲创造了人类，大地上到处欢声笑语，人们过着快乐幸福的生活。

有一年，不知道什么原因，水神共工和颛顼忽然打了起来。他们打得异常激烈，从天上一直打到了人间。结果水神共工惨败，一怒之下，就对着西边的不周山一头撞了过去。要知道，不周山本是一根撑天的大柱子，共工这么一撞，这根撑天的柱子被撞断了。天上顿时露出一个大窟窿，地上也裂开了一道道黑黝黝的深沟，洪水从地下喷涌而出，各种野兽肆虐，人间一片混乱和恐怖。

女娲看到这情景难过极了，她决心修复天地，安稳人间。她从四方收集五种颜色的石头，燃起神火熔炼。随着神火渐渐熄灭，五种颜色的石头被炼成了黏稠的石浆。女娲用这些石浆把天上的大窟窿修补好。从此，天上便有了五色的云霞。女娲担心补好的天再塌下来，于是又斩下大龟的四足，竖立在大地的四方，这样天就再没有了坍塌的危险。接着，她奋勇杀死了在中原一带作恶的黑龙，其他野兽吓得纷纷逃回山林，不敢再到处流窜残害人类了。随后，女娲把芦苇烧成灰，撒到水中，芦灰越积越厚，把喷涌洪水的地缝也堵住了。天和地终于恢复了平静，人类获得了新生。人们世世代代怀念着女娲，传颂着她的伟大功绩。

女娲补天的壮举，被后人提炼为成语炼石补天，用来比喻以非凡的才能弥补缺失或挽回颓势。请问下列哪个成语与炼石补天的意思相近？

　　A.无中生有　　　　B.力挽狂澜　　　　C.五光十色

= 嘉宾点评 =

康震：中国古代神话中，无论是盘古、女娲，还是其他人物，他们所做的所有事情都是跟劳动生产相关的。盘古开天地其实就是在改造自然山川，女娲补天、大禹治水跟洪涝灾害有很大的关系，夸父逐日跟干旱有关系。所以中国古代神话中的人物非常勤劳、非常刻苦，人间的英雄就是神话中的英雄，这是一点都不错的。

盘古开天地 AI 生成图 　　　　　　　女娲补天 AI 生成图

大禹治水 AI 生成图 　　　　　　　　夸父逐日 AI 生成图

答案：
B. 力挽狂澜

题目 2

哪吒 AI 生成图

相传，武王伐纣的大军中，有一位英姿飒爽的少年，他叫哪吒。他手持法宝大闹东海，让老龙王心惊胆战。后来，他师父太乙真人又为他塑造了一个莲花化身，赐给他更多的法宝和三头八臂的变化之术。他最终和父亲李靖和解，踏上了兴周灭商的漫漫征途。

请问，下面哪一个选项中的成语没有包含哪吒法宝的名字？

A. 乾坤一掷　　　B. 金刚怒目　　　C. 风风火火

= 嘉宾点评 =

康震："哪吒"这个名字，梵文译为"那拏天"，是可爱的意思。他的法身有三头八臂，臂上挂了一个乾坤圈，身上缠的是混天绫，手中拿的是火尖枪，脚下踩的是风火轮。其实他身上的争取自由的精神和战斗的精神丝毫不亚于孙悟空。他自刎而死，把身体还给了父母，后来他师傅太乙真人用莲花、莲藕为他重塑了肉身，这个意义非常重大，意味着他重生了。从那以后，哪吒的形象发生了巨大的变化，他成为一个能自由翱翔在天地之间的、能左右自己命运的人。在《封神演义》《西游记》里有那么多神魔，为什么大家最喜欢的就是哪吒和孙悟空？因为他们很符合我们所向往的那种理想人格。

田沁鑫：这种故事都是凝聚了历朝历代的知识分子们对于美好生活的向往。神话故事里有很多中国智慧。

答案：

B. 金刚怒目

三、武将

第一题　消消乐

请从以下二十五宫格中选出成语。

封	善	意	楫	中
燕	流	杨	益	勒
击	穿	胥	投	多
多	笔	狼	石	从
戎	然	居	百	步

— 嘉宾点评 —

田沁鑫： 封狼居胥这个成语最早出自西汉，汉武帝派年轻的将军霍去病出兵漠北，打败了匈奴。狼居胥是个山名，霍去病得胜之后就到山上去拜天，就出现了这样的一个成语。

康震： 这里边有六个成语，实事求是地讲，都有点动荡岁月出英雄的意思。我们看投笔从戎，这班超可是了不得。从西汉灭亡到东汉建立的时候，西域诸国都不受汉朝的节制了，纷纷投向了匈奴，所以为什么班超出使西域？那是"不入虎穴，焉得虎子"。他带了很少的人，但全是精锐，很快就恢复了汉朝对西域的统治局面。再比方说多多益善，刘邦跟韩信说："你能带多少兵？"韩信说："我多多益善，您带不了兵，带个十万就差不多。"他（刘邦）不善于打具体的战役，但他善于统率将领。这就能看到，这几个成语里边既有表达战略决心的，又有能看出将帅的战斗意志的，所以我们讲无论是乱世还是治世，只要有大英雄，就会是大时代。但是为什么会有大英雄呢？是因为这个时代里边有机遇，给了英雄出世的机会，所以英雄造时势，时势造英雄，这是个互为因果的关系。

答案：
投笔从戎、中流击楫、多多益善、
百步穿杨、封狼居胥、勒石燕然

第二题　连连看

题目1：请把成语中的字填写正确。

破（　）沉舟

一（　）作气

老（　）益壮

题目2：请把下列成语和相关人物进行连线。

破（　）沉舟　　　曹刿

一（　）作气　　　马援

老（　）益壮　　　项羽

— 嘉宾点评 —

康震：破釜沉舟讲的是项羽，项羽要破釜沉舟，曹刿是一鼓作气。这再一次证明，无论是作战还是做事，人心要齐，这也叫顺应民心。老当益壮既是一种职业的精神，也是一种事业的精神，还是一种家国的精神，这些都是相通的。成语里边的故事是具体的，但是成语里边的道理是普遍的，最后就成了一种规律，这种规律不但引导你去做事、去做人，同时也让你明白这个世界上有这样一种道理。

田沁鑫：说得真好。咱们刚才说的成语，比如一鼓作气，就像我们排戏一样，要一鼓作气把它完成了，全力以赴去做。破釜沉舟其实就是断后路，没后路了，魄力就出现了，没有后路可走，你只能前进。这是我创作中的一点体会。

答案：

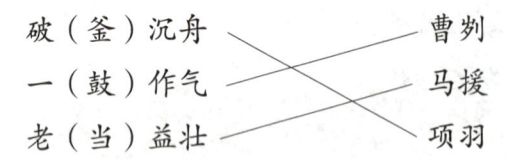

破（釜）沉舟 —— 项羽
一（鼓）作气 —— 曹刿
老（当）益壮 —— 马援

第三题　一起来找茬

请从中挑出三个错误成语。

千军万马	百步穿杨	封狼居胥	飞檐走壁
雄姿英发	求同存异	所向披糜	入木三分
枭勇善战	驷马难追	投笔从戎	势如破竹
锲而不舍	怒目金刚	入木三分	运筹帷幄
朝秦暮楚	含饴弄孙	胸有成竹	锐不可挡
登堂入室	鸿雁传书	大刀阔斧	夙兴夜寐

=嘉宾点评=

康震：项羽毫无疑问是一位超凡的武将，他力能扛鼎，这不是一般的本事。严格来讲，鸿门宴上他就不应该放走刘邦，这不是为大将者要做的事，但是从这儿大家又能感觉到，他似乎又有一些恻隐和仁者之情。最后，在乌江边上，他当年手下的大将都投降了刘邦，现在人家来要他的人头，他当着这些人的面说："我今天就成就你们的富贵。"他自刎而死。从这些就能看得出来，这个人好名节、讲义气、有硬本事，所有这些虽然导致了他最后的失败，但是大家就是认为他是一个悲剧的英雄，更何况还有虞姬这样一个告别，为他又增添了一种浪漫的色彩。

田沁鑫：人民性很重要，大家都倾向于项羽。中国的历史很有意思，记录历史人物不以成败论英雄。关羽其实也失败了，诸葛亮也一样，他们都是悲剧人物，但是老百姓都将他们视为英雄而流传后世。

答案：
所向披糜（应为"靡"）
枭勇善战（应为"骁"）
锐不可挡（应为"当"）

第四题　情景题

题目 1

邯郸回车巷

河北邯郸的回车巷记录着一段《将相和》的佳话。故事发生在战国赵惠文王在位期间。蔺相如因有勇有谋而得到赵王重用，被拜为上卿，这让战功赫赫的老将廉颇颇为不满。一天，他们的车马在上朝的路上相遇了。

时间：战国时期某日

地点：街道

人物：蔺相如、门客

蔺相如：怎么不走了？

门客：大人，前面冲过来一辆车。

蔺相如：是廉将军的座驾吧？

门客：果然是。

蔺相如：拐进小路，让他们过去。

门客：这……

蔺相如：让他们过去。

门客：（气呼呼）大人跟他廉颇同朝为官，地位还比他廉颇高。可是朝堂上，他骂您，您不敢回嘴，这在路上遇到了，您还躲着他。时间长了，他还不得骑到我们脖子上？！太丢人了。

蔺相如：我问你，秦王和廉将军哪一个厉害？

门客：这还用说，当然是秦王厉害。

蔺相如：是呀，现在各国诸侯全都惧怕秦王，但是我在朝堂之上敢顶撞于他！我连秦王都不怕，难道我怕廉将军不成？

门客：这……

蔺相如：廉将军一直对我无礼，我心里也有气。但是你想过没有，秦王为什么惧怕赵国，不就是因为有我和廉将军在吗？

门客：噢！（恍然大悟状）

蔺相如：调转车头，拐进小巷。

门客：是，大人。

请问"回车"体现出蔺相如的什么精神?

A. 公而忘私　　　　B. 礼贤下士　　　　C. 以退为进

嘉宾点评

康震：公而忘私用在蔺相如身上是非常合适的。蔺相如之所以能从原来一个身份比较低的人，一直到位置坐到了廉颇之上，他自己并没有想爬那么高，是因为他做的每一件事情都是以国家为重。太史公评价蔺相如说：死本身没那么复杂，也没那么难，但怎么对待死，这是个大问题。蔺相如厉害在哪呢？他不仅不惧怕死亡，而且以不惧怕死亡的勇气震慑住了秦王。这叫什么？智慧的大勇。做了这么大的贡献，回过头来又甘愿忍辱负重，廉颇怎么羞辱他，他都忍了，这又叫大勇的智慧。在这两个方面他都有巨大的智慧。

答案：

A. 公而忘私

题目 2

廉颇与蔺相如剧照

场景一

时间：战国时期某日

地点：廉颇府邸

人物：廉颇、部将

廉颇：我廉颇身为大将，为国家出生入死！他一个不知道从哪儿跑来的穷酸小子，仗着嘴皮子，居然爬到我的头上来了！他蔺相如终究是害怕我的，远远地看见咱们的车队，就乖乖地拐进了小巷。

（廉颇举起杯中酒，一饮而尽）

部将：（略作犹豫）将军，您说这蔺相如连那秦王都不怕，为什么单单会怕您呢？

（廉颇若有所思）

部将：他不是怕将军，而是在让将军。

廉颇：哦？

部将：而今，这秦国对咱们赵国虎视眈眈，如果您和蔺相如打起来了，那不正好给了秦国机会吗？

廉颇：（恍然大悟，把酒杯砸在桌上）哎呀！是我鲁莽了！

廉颇：（叹气）来人！去取荆条！我要去蔺大人府上请罪！

场景二

时间：战国时期某日

地点：蔺相如府邸门前

人物：廉颇、蔺相如

廉颇：蔺大人……

蔺相如：将军这是……

廉颇：（长叹）蔺大人……我是一个粗人，只想与您相争，记私仇。今日我身背荆条特来请罪，您打我吧！我任由您责打！

蔺相如：将军！快快请起！将军乃深明事理之人，快，赶紧卸掉荆条，更衣入府，饮酒相叙。

廉颇：我愿和大人结为至交。

蔺相如：你我相携，保卫赵国！

请问下列哪个成语与这段友谊有关？

A. 刎颈之交　　　B. 管鲍之交　　　C. 八拜之交

= 嘉宾点评 =

康震：廉颇为什么很快就可以负荆请罪？这就是"知错即改，善莫大焉"，这也是圣者的情怀。这个戏原来叫《将相和》，由不和走向和，前提是什么？都是为了国之大者。只有这样你做出来的事业才能真正对国家有益，也只有这样，你才能在无意当中，在做事情的过程当中，把自己的名字镌刻在事业的丰碑上面。它是这样一个关系。

田沁鑫：其实现在国家很需要这样的人才，或者说我们在工作中有时候文武必须兼备。我觉得非常感慨，感慨于国家事业，中国的文化强国建设需要更多的有志之士来奉献国家。

答案：

A. 刎颈之交

四、政治家

第一题　消消乐

请从以下二十五宫格中选出成语。

长	月	明	运	东
断	出	幄	起	谋
山	筹	师	杜	治
则	安	再	未	帷
捷	听	房	兼	久

=== 嘉宾点评 ===

田沁鑫：《三国演义》的电视剧里面，我最早看的版本是唐国强老师演诸葛亮的那版。在秋风五丈原诸葛亮人生的最后那一段，我小的时候看着就非常地感动，因为诸葛亮具有一种极强的感染力，正好应了杜甫诗里面那两句，"出师未捷身先死，长使英雄泪满襟"。

答案：

出师未捷、东山再起、长治久安、

运筹帷幄、兼听则明、房谋杜断

第二题 连连看

题目1：请把成语中的字填写正确。
（　　）目相看
锦（　　）妙计
先（　　）后兵

题目2：请把下列成语和相关人物进行连线。
（　　）目相看　　　　鲁肃
锦（　　）妙计　　　　刘备
先（　　）后兵　　　　诸葛亮

嘉宾点评

田沁鑫：刮目相看的背景是建安十五年（210年），周瑜病逝，鲁肃接任，鲁肃到陆口去见吕蒙。其实鲁肃对吕蒙有一点刻板印象，认为他是一介武夫，读书不多，所以当他时隔几年去见吕蒙的时候，还是带着过去的印象。当吕蒙给他分析当时与关羽之间的斗争形势并定下计谋时，鲁肃非常地吃惊，说："如今你的才略，已经不是吴下阿蒙了！"吕蒙就说了这句"士别三日，即更刮目相待"。这说的就是一个人读书、学习进步得很快。

康震：为什么孙权会勉励吕蒙要多读书？因为他看出来吕蒙将来是足堪大任的人，所以这实际上是孙权在培养人才。把成语还原到那个故事里边的话，不仅能看到历史，还能看到历史里边的情感和通过情感看到人和人之间的关系，这个事情就说明当时东吴的将士彼此之间是常常交心的。孙刘联军为什么能打胜赤壁之战？谋略是一个方面，将士间彼此交心、互相协同也很重要。

答案：
（刮）目相看　————　鲁肃
锦（囊）妙计　————　刘备
先（礼）后兵　————　诸葛亮

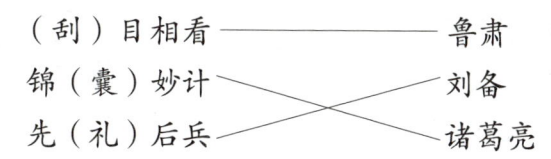

第三题　一起来找茬

请从中挑出三个错误成语。

纵横俾阖	东山再起	运筹帷幄	雄姿英发
望梅止渴	千锤百炼	房谋杜断	朝秦暮楚
鸿鹄之志	封狼居胥	百步穿杨	千军万马
毛遂自荐	投笔从戎	定海神针	立竿见影
负荆请罪	审时夺势	鞠躬尽瘁	废寝忘食
怒目金刚	夙兴夜寐	厉精图治	徙木立信

嘉宾点评

康震：看这三个成语，首先是做任何事情都先要审时度势：这件事情适不适合我做，这件事情做了之后会达到什么效果？只有看清了时势和自己的关系，把自己放在适合的格局当中，自己的能力才能在做事时最大化地发挥。其次是纵横捭阖，就是善于运用手段，进行分化、联合。最后是励精图治，就是一步接一步地把好的局面推进下去，要把它干好。所以励精图治一般指的是持续推进高质量发展。这三个成语互相的逻辑关系是很有意思的，先谋定，再开拓，然后持续推进。

答案：

纵横俾阖（应为"捭"）

审时夺势（应为"度"）

厉精图治（应为"励"）

第四题　情景题

题目1

望梅止渴剧照

一支军队在蜿蜒的山间行走，烈日炎炎，行军速度很缓慢。

时间：某年初夏时节某日

地点：行军路上

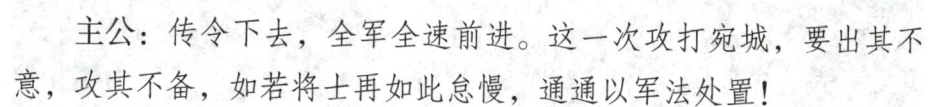

主公：传令下去，全军全速前进。这一次攻打宛城，要出其不意，攻其不备，如若将士再如此怠慢，通通以军法处置！

部将甲：主公息怒，这烈日当空，将士们从早晨到现在，已经急行军七八十里，口渴难耐，路上又没遇到水源，实在走不动了。

主公：口渴难耐？这我倒是疏忽了。

部将甲：是，主公。

主公：（眼前一亮）前方十里有一处梅林，去年我曾经走过这条路，现在应该是梅子成熟的季节，那梅子又酸又甜，非常解渴。

部将甲：一想到这又酸又甜的梅子，好像不是那么渴了。

主公：还不快传令下去。

部将甲：是，传令全军，急行十里，前方有一处梅林！

部将乙：报——启禀主公，前方有探马来报，发现水源！

主公：哈哈哈，真的是天助我也，哈哈哈哈！

部将甲：主公……那这梅林？

主公：哈哈哈，已有水源，何来梅林！观众朋友们，通过这个故事，你们猜出我是谁了吗？

请问视频中的丞相是谁？

A. 曹操　　　　B. 刘备　　　　C. 孙权

答案：

A. 曹操

题目2

曹操剧照

曹操南征北战，打败了吕布、袁术、袁绍，统一了北方。今夜，他正率军南征，要和东吴孙权以及刘备展开大决战。

时间：东汉末年某月十五日

地点：长江边曹军营中

人物：曹操、群臣

曹操：今日正当十五，在此设宴款待诸君。（举杯）来来来，满饮此杯！

群臣：谢丞相！

曹操：取我槊来！（兵抬槊上，曹操持槊）想我曹操，破黄巾，擒吕布，灭袁术，定袁绍，远征塞北，直抵辽东，不负大丈夫之志！而今群雄已被平定，所剩无非孙权、刘备耳。今我率大军，指日必将踏平东吴！

群臣：丞相天威，平定天下指日可待！

曹操：哈哈哈，今日月满之夜，上有皓月当空，下有江波荡漾，使我感慨万千……

请问曹操要吟咏出的第一句是什么成语？

A. 对酒当歌　　　B. 天下归心　　　C. 秋风萧瑟

嘉宾点评

康震：曹操应该是三国时代最大的政治家、军事家和文学家。曹操写"对酒当歌，人生几何，譬如朝露，去日苦多"，在东汉末年不只是曹操，很多的士大夫文人都有这种感慨，对生命短暂的忧伤。但是曹操和他们又不一样，在于他底下说："我最发愁的不是这个事，命短点儿都没事，关键是谁能助我一统天下，我要的是很多的人才。但这个感慨依然不是我最深沉的感慨，最深沉的感慨是'周公吐哺，天下归心'。"武力统一天下很容易，但怎么能够真正做到人心所向，使人心聚合，这是曹操关心的事情。曹操首先是个军事家，但最重要的，他为什么是政治家？因为政治家永远都不只是关注武力，而是人心。在动荡之际，想到的是未来大志；在人心离散之际，想到的是人心如何能够归一。

田沁鑫： 曹操的形象被戏曲勾勒成了白脸，白脸是奸臣的相。关羽是一个红脸，忠义之相。曹操很欣赏关羽，希望关羽能够为他所用，但是关羽是个忠信之人，还是离他而去了，只骑走了曹操赠的马。最后华容道放行曹操的时候，也是关羽对曹操的一份心意。两个人的友谊通过《三国志》到《三国演义》，再到我们的戏曲艺术，源远流长，三国的故事确实是非常精彩。

京剧白脸曹操 　　　　　　　　京剧红脸关羽

答案：

A. 对酒当歌

第二环节　扶摇直上

在本环节中，两组选手将进行快问快答的比拼，每答对一题加1分。答错则将答题权转交给另一组，依此循环，率先得到20分的一组胜出。

快问快答

1. 鹤立鸡群最初是赞美谁的？
答：嵇绍（嵇延祖）。✔

2. 东施效颦中的"颦"是什么表情？
答：皱眉。✔

3. 图穷匕见与哪个历史故事相关？
答：荆轲刺秦王。✔

4. 破釜沉舟中的"釜"指的是斧头，还是锅？
答：锅。✔

5. 手不释卷中的"释"是什么意思？
答：放下。✔

6. 孺子可教中的"孺子"指的是谁？
答：张良。✔

先知先觉

出自刘义庆《世说新语·容止》："有人语王戎曰：'嵇延祖卓卓如野鹤之在鸡群。'"

东施模仿美女西施的样子皱眉。后比喻不切实际地照搬照抄，效果适得其反。

荆轲奉燕国太子丹之命行刺秦王，预先把匕首卷在燕国督亢的地图里，到了秦王座前，慢慢把地图展开，最后露出匕首。

把饭锅打破，把渡船凿沉，比喻不留退路，做事果决。

手中总是拿着书卷，比喻勤奋好学。释：放下。

出自《史记·留侯世家》："良殊大惊，随目之。父去里所，复还，曰：'孺子可教矣！'"

7. 司空见惯中的"司空"是什么意思？
答：古代官职。 ✔

> 出自唐·孟棨《本事诗·情感》载刘禹锡诗："司空见惯浑闲事，断尽江南刺史肠。"司空：古代官职名。

8. 东山再起中的"东山"在今天的哪个省？
答：浙江。 ✔

> 出自《晋书·谢安传》，谢安隐居会稽东山，年逾四十复出为桓温司马，累迁中书、司徒等要职，晋室赖以转危为安。

9. 揭竿而起中的"竿"是用来指代什么的？
答：旗帜。 ✔

> 出自《过秦论》："将数百之众，转而攻秦，斩木为兵，揭竿为旗。"

10. 韦编三绝形容孔子读书勤奋，其中的"韦"是竹简，还是皮绳？
答：皮绳。 ✔

> 孔子勤读《易经》，致使编连竹简的皮绳多次脱断，比喻读书勤奋，刻苦治学。

11. 呕心沥血原本是用在做什么事情上？
答：写诗。 ✔

> 最早形容唐代诗人李贺为创作诗歌殚精竭虑、耗尽心血的情景。

12. 洛阳纸贵的原因是什么？
答：文章写得好。 ✔

> 晋代左思《三都赋》写成之后，每个人读了都赞不绝口，抄写的人非常多，洛阳的纸因此都涨价了。

13. 披肝沥胆是一位谋士劝某将军自立为王时说的，这位将军是谁？
答：关羽。 ✘ （正确答案：韩信）

> 《史记·淮阴侯列传》中蒯通对淮阴侯韩信说："臣愿披腹心，输肝胆，效愚计，恐足下不能用也。"比喻坦诚相见，竭尽忠诚。

14. 屈指可数原本指的是什么？珍贵物品的数目还是生命中剩余的日子？
答：生命中剩余的日子。 ✔

> 唐代诗人韩愈《忆昨行和张十一》诗中写道："自期殒命在春序，屈指数日怜婴孩。"

15. 扬眉吐气最早出自谁的文章？
答：李白。 ✔

> 唐·李白《与韩荆州书》："君侯何惜阶前盈尺之地，不使白扬眉吐气，激昂青云耶？"

第四期　风流人物

16. 肝脑涂地最早表达的是什么意思？
答：死伤惨重。 ✔

> 原指惨死，后指做事不惜一切代价，乃至牺牲生命。

17. 哪一个成语可以形容老人气色好？鹤发鸡皮还是鹤发童颜？
答：鹤发童颜。 ✔

> 仙鹤羽毛般雪白的头发，儿童般红润的面色，形容老年人气色好。

18. 光彩夺目最早用来形容什么？
答：宫中的景色。 ✔

> 出自宋·张君房《云笈七签》："乃令左右引于宫内游观，玉台翠树，光彩夺目。"

19. 口蜜腹剑最早用来形容哪一个历史人物？
答：李林甫。 ✔

> 出自《资治通鉴·唐纪》："世谓李林甫'口有蜜，腹有剑'。"

20. 举案齐眉最早形容哪对夫妻相互尊敬？
答：梁鸿和孟光。 ✔

> 孟光给丈夫梁鸿送饭时把托盘举得跟眉毛一样高，以表示尊敬。

21. 五脏六腑的"五脏"指的是什么？
答：心、肝、脾、肺、肾。 ✔

> 是人体内脏器官的统称，也比喻事物的内部情况。五脏：指心、肝、脾、肺、肾。

22. 口若悬河最早形容的是嵇康，还是郭象？
答：郭象。 ✔

> 出自刘义庆《世说新语·赏誉》："郭子玄（郭象）语议如悬河泻水，注而不竭。"

23. 不胫而走中的"胫"指的是人体的哪一个部位？
答：小腿。 ✔

> 没有腿却能跑，比喻事物无需推行，就已迅速地传播开去。胫：指小腿。

24. 崭露头角最早用来形容唐朝的哪位诗人？
答：白居易。 ✘ （正确答案：柳宗元）

> 韩愈在为已故好友柳宗元所创作的墓志铭中写道："虽少年，已自成人，能取进士第，崭然见头角。"

25. 股肱之臣中的"股"指的是人的臀部，还是大腿？
答：大腿。 ✓

> 辅佐帝王的重臣，也喻为十分亲近且办事得力的人。股，指大腿；肱，指上臂。

26. 泰山北斗比喻道德高、名望重的人，最早用来形容谁呢？
答：韩愈。 ✓

> 《新唐书·韩愈传赞》："唐兴……愈遂以六经之文为诸儒倡……自愈没，其言大行，学者仰之如泰山北斗。"

27. 赴汤蹈火中的"汤"指的是什么？
答：热水。 ✓

> 为某事付出全部的勇气，不留余力地前进，比喻不避艰险，奋勇向前。汤：热水。

28. 身无长物中的"长"是什么意思？
答：多余的。 ✓

> 身边没有多余的东西，形容人除自身外东西极少。

29. 惨淡经营出自杜甫的诗句"诏谓将军拂绢素，意匠惨淡经营中"，请问将军在做什么呢？
答：作画。 ✓

> 指作画前先用浅淡颜色勾勒轮廓，苦心构思，经营位置。

30. 俊采星驰的意思是人才济济还是景色美丽？
答：人才济济。 ✓

> 天下的才俊如同繁星闪耀。

31. 毛遂自荐中的毛遂是向谁推荐自己？
答：赵国平原君赵胜。 ✓

> 毛遂自我推荐跟随平原君前往楚国游说。后比喻自告奋勇或自己推荐自己担负重任做事情。

32. 孟子曾用出类拔萃赞美一位先贤，这位先贤是孔子还是老子？
答：孔子。 ✓

> 出自《孟子·公孙丑上》："出于其类，拔乎其萃，自生民以来，未有盛于孔子也。"

结　　语

康震：这一期的主题是风流人物，刚才通过这些成语我们看到了历史上这么多的风流人物，他们也是英雄的人物。所以我想，要做当今的风流人物，就应该有与之相匹配的品质、能力和才干，只有这样我们才能众志成城，才能万众一心，才能真正地把我们的国家建设好，让我们的未来更光明。

田沁鑫：历史上一个个风流人物，就如同时间长河里的一叶叶风帆，让我们可以看到方向，感受到力量。他们的故事凝结而成的成语成为我们中国人看待世界的方式。我们在成语的熏陶中，臧否人物，分辨是非，获得智慧，受到鼓励。希望有更多有筋骨、有才华、有梦想的风流人物，充溢在华夏大地上，闪烁在时代的波澜中。

王宁：今天我们跟随着成语的脚步一起遨游上下数千年，纵横山河数万里，我们通过一个又一个鲜活的面孔领略了一个又一个风流人物的风采卓绝以及永恒魅力，让我们记住他们。

小游戏　成语接龙

请用给出的成语开始接龙。

【毛遂自荐】毛遂：战国时赵国平原君的门客。比喻自告奋勇或自己推荐自己去做事。《史记·平原君虞卿列传》载：赵孝成王九年，秦军围赵国都城邯郸，赵王派平原君去楚国求救，门客毛遂自荐陪同前往。到楚国后，平原君与楚王谈判，久而不决。毛遂按剑走上台阶，直陈利害，终使楚王歃血定盟，楚、赵联合抗秦。

毛遂自荐→荐贤举能→能说会道→道路以目→目无尊长→长幼尊卑→卑鄙无耻→耻居人下→下里巴人→人言可畏

【百步穿杨】能射中百步以外定为目标的杨柳树叶。形容射击或射箭技术高明。《战国策·西周策》："楚有养由基者，善射，去柳叶者百步而射之，百发百中。"

百步穿杨→杨柳依依→依依惜别→别具匠心→心高气傲→傲睨万物→物换星移→移风易俗→俗不可耐→耐人寻味

【破釜沉舟】釜：锅。打破饭锅，凿沉渡船。比喻决一死战。也比喻下定决心，不顾一切地干到底。《史记·项羽本纪》："项羽乃悉引兵渡河，皆沉船，破釜甑，烧庐舍，持三日粮，以示士卒必死，无一还心。"

破釜沉舟→舟中敌国→国泰民安→安如泰山→山盟海誓→誓死不屈→屈指可数→数米而炊→炊沙作饭→饭囊衣架

【负荆请罪】负：背着；荆：荆条。背着荆条请罪。表示主动向人认错赔罪，请求责罚。《史记·廉颇蔺相如列传》："廉颇闻之，肉袒负荆，因宾客至蔺相如门谢罪。"

负荆请罪→罪大恶极→极天际地→地大物博→博古通今→今非昔比→比比皆是→是非曲直→直捣黄龙→龙眉凤目

【完璧归赵】完：完整无缺；璧：古代一种玉器。指蔺相如将和氏璧完好无损地自秦国送回赵国。比喻把原物完好无缺地归还原主。《史记·廉颇蔺相如列传》："城入赵而璧留秦；城不入，臣请完璧归赵。"

完璧归赵→赵璧隋珠→珠光宝气→气冲霄汉→汉官威仪→仪表堂堂→堂堂正正→正人君子→子曰诗云→云开见日

【房谋杜断】唐太宗时，宰相房玄龄和杜如晦共掌朝政，房氏多谋略，杜氏善决断，同心辅佐太宗。指多谋而善决断。《新唐书·杜如晦传》："盖如晦长于断，而玄龄善谋，两人深相知，故能同心济谋，以佐佑帝，当世语良相，必曰房、杜云。"

房谋杜断→断章取义→义无反顾→顾虑重重→重温旧梦→梦寐以求→求之不得→得天独厚→厚古薄今→今非昔比

【纸上谈兵】比喻空谈理论，不能解决实际问题。也比喻只是空谈，不能成为现实的事物。《史记·廉颇蔺相如列传》："赵王因以（赵）括为将，代廉颇。蔺相如曰：'王以名使括，若胶柱而鼓瑟耳。括徒能读其父书传，不知合变也。'赵王不听，遂将之。赵括自少时学兵法，言兵事，以天下莫能当。尝与其父奢言兵事，奢不能难，然不谓善。"

纸上谈兵→兵微将寡→寡廉鲜耻→耻居人下→下不为例→例行公事→事无巨细→细枝末节→节外生枝→枝叶扶疏

【一鼓作气】作：振作；气：勇气。比喻趁劲头大的时候一口气把事情干完。《左传·庄公十年》："夫战，勇气也。一鼓作气，再而衰，三而竭。"

一鼓作气→气壮山河→河决鱼烂→烂醉如泥→泥沙俱下→下不为例→例行公事→事出有因→因人而异→异军突起

【望梅止渴】口渴时想到就可吃到梅子，流出口水，就不渴了。比喻用空想来安慰自己或别人。南朝宋·刘义庆《世说新语·假谲》："魏武行役，失汲道，军皆渴，乃令曰：'前有大梅林，饶子，甘酸可以解渴。'士卒闻之，口皆出水，乘此得及前源。"

望梅止渴→渴而穿井→井蛙之见→见异思迁→迁客骚人→人仰马翻→翻江倒海→海内无双→双宿双飞→飞蛾投火

【萧规曹随】萧：萧何；规：政策，法令；曹：曹参。曹参全盘继承萧何制定的法令政策。比喻后人沿袭前人的遗制。汉·扬雄《解嘲》："萧规曹随，留侯画策，陈平出奇，功若泰山。"

萧规曹随→随行就市→市井之徒→徒托空言→言无二价→价廉物美→美人迟暮→暮气沉沉→沉渣泛起→起承转合

第五期　四通八达

其途之所出，四通而八达，游士之所凑也。
——春秋晋·程本《子华子·晏子问党》

探成语故事，寻泱泱华夏。有路则通，无路则塞。道路，可以跨越千山万水，纵贯天南地北，可以让不同的人互通有无，让不同的文明水乳交融。道路的通达，不仅是地理概念上的连接彼此，它更像是一把钥匙，为中华文明的进程，开拓出崭新的途径，让历史的车轮滚滚向前。今天就让我们一起走进成语故事，感受中华文明的"四通八达"。

主持人：张韬

成语探华夏

我们在日常生活中会学习到、应用到很多成语，我们可以从这些短小精悍的成语中领略到古人超凡的智慧。今天我们会聚于此，就是以成语为契机，跟古人开启一场"四通八达"的对话。四通八达这个成语应用得很广泛，它不仅用于交通，也可以用于人际交流、信息传递，甚至万物生长等很多方面。今天，我们在快节奏的生活里面，有的人追求繁华都市的车水马龙，有的人则向往阡陌交通、鸡犬相闻的田园风光。有时候我们感叹被铺天盖地的信息包围得水泄不通，有时候我们会享受足不出户就能知天下事的酣畅淋漓。所以，就让我们架起四通八达的桥梁，来沉浸到成语的广阔世界中。

——单霁翔

中国文物学会专家委员会主任

故宫博物院学术委员会主任

四通八达首先是一种道路的状态，我们修驰道也罢，开运河也罢，其实就是让五湖四海一轨同风，就是走出了我们中华统一的道路，然后我们又梯山航海，你来我往，走出了全世界文明交往、交流、交融的道路。四通八达也是一种人生状态，我们心之所向，无远弗届，好儿女志在四方，就能走上人生的康庄大道。所以，四通八达这个成语是让人浮想联翩的，它让我们不断跨越地理的界线和心灵的界限，美美与共、天下大同。现在是2025年了，希望我们都读万卷书，行万里路。

——蒙曼

中央民族大学历史文化学院教授

博士生导师

第一环节　探本溯源

一、海纳百川

第一题　消消乐

请从以下二十五宫格中选出成语。

步	救	望	楚	郸
赵	秦	晋	河	人
杞	得	围	朝	汉
蜀	楚	界	忧	陇
邯	暮	天	魏	学

= 嘉宾点评 =

蒙曼：得陇望蜀，这个成语说的是汉光武帝刘秀，他当时跟隗嚣说，你既然投靠我了，就去打蜀地的公孙述，把他打下来，国家不就统一了嘛。但是隗嚣这个人有私心，他觉得不统一才好，大家都割据，他就是一方雄主，所以他就不好好打。于是光武帝刘秀对岑彭说，我不是这样想的，我的目光不仅仅局限在隗嚣这儿，我"既得陇，复望蜀"，只有把这些地方都拿下，统一政权才能建立。我们现在说得陇望蜀，是比喻贪婪。但在历史上，得陇望蜀是一件好事儿。如果光武帝不得陇望蜀，东汉的大一统政权怎么建立？所以这是一件很好的事情。至于朝秦暮楚这个成语，再比如朝三暮四、今翠明红，在今天都是含贬义的成语，但当时这就是一种正常状态。秦和楚为什么在这儿放在一起？因为秦和楚是两个大国，可是在它们中间有那么多小国，小国是看大国的脸色办事的，所以它们就一会儿投靠那边，一会儿投靠这边，这个状态叫朝秦暮楚。但是词义演变下来，现在跟国家没有关系了，我们可以说一个人墙头草不稳定，朝秦暮楚。

张韬：成语真的是海纳百川，展现了生生不息的文化脉络，让我们感受到了灿若繁星般的中华优秀传统文化。

单霁翔：海纳百川包含着包容的精神，在国家治理层面也有着深刻的体现。不同的意见、不同的区域能够相互融合，就反映出海纳百川这个成语的意义。

答案：
朝秦暮楚、杞人忧天、邯郸学步、
得陇望蜀、围魏救赵、楚河汉界

第二题　连连看

题目1：请把成语中的字填写正确。

风（　　）阵马

见风使（　　）

中流击（　　）

题目2：请把下列成语和对应的图片进行连线。

风（　　）阵马　　见风使（　　）　　中流击（　　）

=== 嘉宾点评 ===

蒙曼：舵在后头，是掌握方向的。楫就是桨，是在两边划船的。樯是帆，是挂起来的。大家看王嫱（王昭君）的"嫱"，现在写成女字旁。但实际上在更早期，它曾经写作木字旁。为什么？就因为她是乘船顺着水过来的王姓女子，那就是"王樯"。所以就知道从大范围上讲，她是楚地之人，是沿着水路去到中原的。

王昭君

成语探华夏

张韬：船跟经济的发展也是密不可分的。

单霁翔：对，我们今天在保护海上丝绸之路的文化遗产。1987年，我们在广东阳江海域深水的地方发现了一艘古代的沉船，当时经过考察认为，这艘沉船满载着可能有数以万计的瓷器等物品。经过10年的努力，考古队员居然从这艘船上提取了18万件文物，以瓷器为主，还有铁器，以及船上人们的一些生活用品。由此可以知道人们在什么地方生活，在什么地方做饭，瓷器是怎么装船过去的……都整体地再现了。为什么说我们中国的船影响了世界的航海？一个关键因素就是水密隔舱，船的下面不是一个贯通的船舱，而是用不透风、不透水的木板隔成很多的舱，如果一个舱漏水、两个舱漏水，这个船的功能还在，还可以继续航行。由于有了水密隔舱，我们的船才能远航万里。这种水密隔舱的技术，流传到国外，英国把它用于战舰，应用于战争，开始了海外掠夺，可见我们水密隔舱的智慧是影响了世界的。今天的雪龙号也是因为有水密隔舱，能够在南极破1米多厚的冰，勇往直前。我们中国人古代的发明创造在今天的科学技术中得到了提升和应用。

南海沉船中的瓷器

南海沉船中的项链

第五期　四通八达

水密隔舱示意图

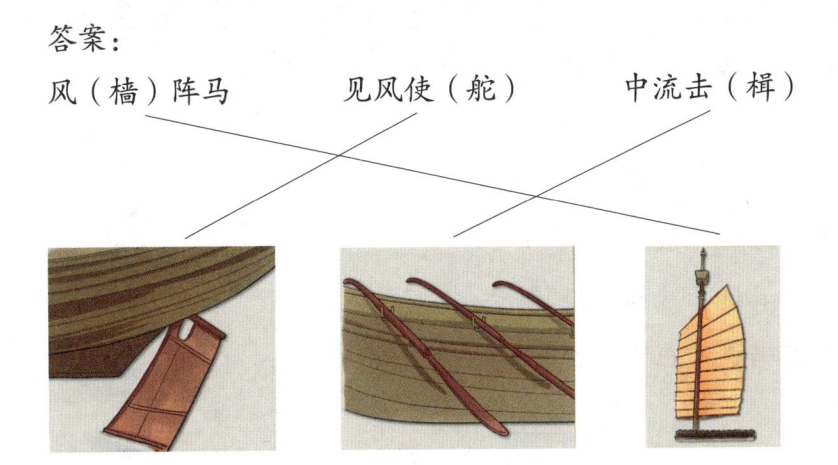

答案：

风（樯）阵马　　见风使（舵）　　中流击（楫）

179

第三题　一起来找茬

请从中挑出三个错误成语。

百步穿杨	封狼居胥	投笔从戎	定海神针
腾云驾雾	粗茶淡饭	驷马难追	朝秦暮楚
势如破竹	鸿鹄之志	包罗万相	飞檐走壁
掌上明珠	与时具进	入木三分	雄姿英发
虚怀若骨	夙兴夜寐	鸿雁传书	求同存异
五谷丰登	曲径通幽	登堂入室	千锤百炼

嘉宾点评

蒙曼：虚怀若谷这个"谷"，为什么不能是骨头的"骨"？因为它要像山谷一样能够包罗万物。人是要有两个境界的：一方面要能够立起来，立起来那叫什么？叫作山峰。另外一方面，心胸要开阔起来，开阔起来的一个状态叫作什么？叫作山谷。虚怀若谷恰恰是人达到挺立成峰峦的那样的一个境界的心理基础。

答案：
包罗万相（应为"象"）
与时具进（应为"俱"）
虚怀若骨（应为"谷"）

第四题　情景题

题目1

赵武灵王与肥义剧照

战国时期，赵国一度衰落，在军事上屡遭挫败，胡人也经常侵犯赵国边境。赵武灵王即位后，力图富国强兵，重振国威。一日，他召来大臣肥义商议改革之策。

时间：战国时期某日

地点：赵国宫殿

人物：赵武灵王、肥义

肥义：大王。

赵武灵王：肥义，今日召你来非为别事，正为一件军政要务。

肥义：大王，请明示。

赵武灵王：爱卿以为，我赵国如今军力如何？

肥义：这些年来，西败于秦，东败于齐，南败于魏，北面的胡人时有来扰，着实让人痛心疾首。

赵武灵王：这件事我思谋已久，我赵国以兵车为主，兵士服装又过于宽大，不适合作战，我拟下令改穿胡服，学习胡人骑马射箭之术，爱卿意下如何？

肥义：大王的想法甚好，可是……可是朝中老臣囿于旧习，恐不易接受。

赵武灵王：赵国东西南北都是强敌，边境时时刻刻受着威胁，我们如果再不改革，岂不是要坐等灭亡。

下面哪一个成语形容了赵国目前的处境？

A. 八面威风　　　B. 四面受敌　　　C. 首尾相连

― 嘉宾点评 ―

张韬：四面受敌这个成语用来形容当时的赵国确实非常准确。

蒙曼：大家想想，赵国从哪儿来？从晋国来，韩、赵、魏三家分晋，赵跟魏接壤。赵国北面还跟燕接壤，接壤的都是敌人。赵在这样的一个四面环围之中，它的处境就是这道题应选择的成语——四面受敌。因此，赵国要奋发图强，而所有的敌人又都是它的老师，尤其是北边的胡人，赵国要向人家学，学的就是胡服骑射。

答案：

B. 四面受敌

题目 2

时间：战国时期某日

地点：赵国宫殿

人物：赵武灵王、肥义、楼缓

第五期 四通八达

赵武灵王胡服剧照

侍从：大王驾到！

肥义：大王，您这是？

赵武灵王：今日我身着胡服，正是要率先垂范，昭示我改革的决心。

肥义：好，大王真是魄力非凡。

楼缓：既如此，大王请看。（展示宽袍下的胡服）

赵武灵王：好，好啊！

楼缓：大王英明果断，真乃一代圣君。

赵武灵王：岂敢称圣君，我们只是要面对现实，善于学习别人的长处，不然我赵国如何富强？

赵武灵王的意思可以用一个成语来表示，请问是哪一个成语呢？

A. 争长竞短　　　B. 说长论短　　　C. 取长补短

= 嘉宾点评 =

张韬：大家都很熟悉胡服骑射的故事，胡服和骑射是两件事儿。那为何换件衣服就能够让赵国强盛呢？

蒙曼：所谓胡服跟什么对应？跟传统的汉服来对应。汉服是什么特点呢？宽袍大袖。因为中原的地势比较平缓，贵族的生活又比较雍容，所以大家穿宽袍大袖。但是要想骑射，需要到马背上去，那么宽袍大袖、束带这样的服饰，就都不实用了。"小头鞋履窄衣裳"是胡服的特点。所以改革时就要把袖子变窄，另外，要穿上类似于裤子那样的装束，而不是袍子，这样就能够更便捷地上马下马。当时赵国采取这样的改革措施是不容易的。

三彩胡服骑马女俑

张韬：所以大到治国的方针政策，小到作战的服装改变，都是一种创新、一种发展。但是在古代，服装不光是为了保暖和美观，它更是等级的一种彰显和象征。

单霁翔：我们的服饰是礼制的一种重要表现形式。比如，按清代的服饰制度规定，皇帝在不同场合穿不同的衣服，有礼服、吉服、常服、行服、雨服、戎服和便服七大类。总之，这些服装是我们传统文化的一种外在表现形式。百姓有百姓的服装，百姓穿的服装我们今天看很随便、很潇洒，没有那么多讲究。这些都是为了强化某种社会秩序，使人们在行为上更加重视礼仪和规范。

清·乾隆
蓝色缂丝三蓝云蝠龙纹男单龙袍

清·乾隆
明黄色缂丝云蝠寿金龙纹男单龙袍

清·嘉庆
明黄色缂丝金龙纹男单朝袍

答案：
C.取长补短

二、物阜民丰

第一题　消消乐

请从以下二十五宫格中选出成语。

万	两	缠	金	重
衡	斗	斤	日	载
较	得	车	权	拨
分	斗	锱	腰	贯
必	轻	进	量	铢

=== 嘉宾点评 ===

单霁翔：这组成语反映了古代商业文化中计量单位的独特魅力。在古代贸易中，精确计量能够确保交易的公平，是非常重要的商业理念，一直传承至今。

张韬：这些成语当中，分斤拨两的"斤、两"、千钧一发的"钧"，都是古代的计重单位，其实跟我们现在的好像差得很远。

蒙曼：过去一斤等于多少两？一斤十六两，所以我们有一个说法，叫作"半斤八两"。我们有一个独立的计量系统，比方说权衡轻重。秤砣就是权，古代的权；衡是什么？衡是秤杆，所以这两个加起来叫权衡。有了秤杆还得有秤砣，才能够衡量轻重。中国古代独立的计量单位还有尺。我们经常会讲中国画，中国画的特点是什么？尺幅千里，我们古代把那么广阔的山水都集中在小小的纸片上，这叫作尺幅千里。这些都属于在生活中产生的成语。

权和衡

答案：

权衡轻重、分斤拨两、锱铢必较、

车载斗量、日进斗金、腰缠万贯

第二题　连连看

题目1：请把成语中的字填写正确。

富比（　　）朱

（　　）货可居

不名一（　　）

题目2：请把下列成语和对应的人物进行连线。

富比（　　）朱　　　　邓通

（　　）货可居　　　　范蠡

不名一（　　）　　　　吕不韦

━◆ 嘉宾点评 ◆━

张韬：说到陶朱，那真的是古代的一个大富豪。

蒙曼：那当然，他也是大政治家，他就是范蠡。中国古代，我们经

成语探华夏

常觉得做大政治家的人也可以做大商人，就比方说范蠡，他是从政治家的身份退下来之后去做商人。据说他做商人是聚财三次，散财三次，货物的流通在他这儿成为一门艺术了，所以他才能那么多次崛起。商人在古代曾经叱咤风云过，但是后来中国做了一个比较大的政治选择——重农抑商，所以中国古代从来不曾被商人把持政治。让有节操的士人，就是有理想、有学问、有道德追求的人去治理国家，远远比让懂得奇货可居、锱铢必较的人去治理国家来得更有价值。

答案：

富比（陶）朱 —————— 邓通
（奇）货可居 ⎯⎯⎯⎯⎯ 范蠡
不名一（钱）—————— 吕不韦

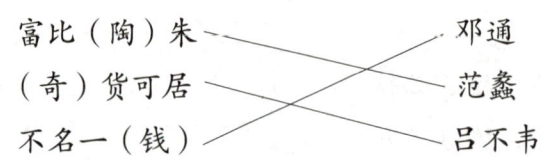

第三题　一起来找茬

请从中挑出三个错误成语。

百步穿杨	封狼居胥	磨肩接踵	定海神针
琳琳总总	粗茶淡饭	驷马难追	朝秦暮楚
势如破竹	鸿鹄之志	博采众长	飞檐走壁
胸有成竹	求同存异	入木三分	雄姿英发
投笔从戎	夙兴夜寐	黄粱美梦	熙熙嚷嚷
五谷丰登	曲径通幽	物华天宝	千锤百炼

188

嘉宾点评

张韬：这个"攘攘"为什么不可以是口字旁的呢？

蒙曼：因为它不是指人在叫喊，它是指人造成的那种纷乱、大家你来我往的态势。这里还有个有趣的现象，AABB是一个非常常见的成语形式，成语不仅是凝练的，表达智慧，同时成语很美，AABB式就有一种音韵之美，洋洋洒洒、熙熙攘攘、林林总总、念出来就特别好听。

答案：

磨肩接踵（应为"摩"）

琳琳总总（应为"林林"）

熙熙嚷嚷（应为"攘攘"）

第四题　情景题

题目1

《清明上河图》场景剧照

跟随《清明上河图》，到汴京城里看一看。

小二1：来来来，上等的香料，价格公道，童叟无欺。快来看一看，看一看！

小二2：热腾腾的包子！

张韬：这是在卖什么呢？

小二1：客官，来赶紧看一看，看一看！

张韬：好香啊！

蒙曼：香料啊！

小二1：对，上好的香料，价格公道。

单霁翔：这些都不是产自汴京吧？它们是从什么地方运过来的？

小二1：我这香料是从巴蜀、荆楚和江南由汴河运过来的，看看，这个成色还有这个香味特别地好。客官，来一些吧。

张韬：生意怎么样？

小二1：还好，还好，承蒙各位照顾。

单霁翔：好，好。

张韬：生意兴隆，生意兴隆。

小二1：感谢感谢。

单霁翔：回头我们过来再买。

⋯⋯⋯⋯⋯

张韬：刚才我们在卖香料的那个地方大概问了一下价，卖得还真不便宜。

蒙曼：那当然。

张韬：对吧。

蒙曼：香料自古就是贵的。

张韬：自古就贵？

蒙曼：对呀。

张韬：那为什么呢？我们来看题。

请问导致香料价格上涨的原因和以下哪个成语的意思是一样的？

A. 囤积居奇　　　　B. 物离乡贵　　　　C. 洛阳纸贵

嘉宾点评

张韬：为什么贵？因为远道而来。从很远的地方来的，能远到哪些地方？

蒙曼：比方说咱们刚才看的大料，那得是产自广西、海南这一带了，那你想汴京在哪儿？汴京在中原，在河南，在古代是相当远了。刚才这儿卖的是花椒，如果是胡椒的话，就更远了，要从东南亚一带过来。

张韬：那个答案A"囤积居奇"算不算？因为这些香料非常稀有，所以价格也比较高。

蒙曼：那对啊，比方说唐朝那些贪官，他们贪污什么？贪污胡椒，在家里积八百石胡椒。那你想，如果是把市场上的胡椒都放到他们家里来，而市场上只流通那一点儿，可不就贵了嘛。

答案：

B. 物离乡贵

题目2

画卷一展乾坤开，大宋的风光入眼来，一条大街多繁华，店铺琳琅排成排。也有买，也有卖，也有幌子和招牌，金招牌，银招牌，里里外外挂出来。咱们走一走，瞧一瞧，绸缎庄里真热闹，这声声嘹亮真叫好，您听我看，听我瞧。咱们看一看，这市井风情记心房，恭祝大家永安康。

请大家听题，成语行商坐贾，其中"商"和"贾"分别代表的

成语探华夏

是什么呢?

  A. 指四处行走的商人和坐店经营的商人

  B. 指正在大街行走或正在餐厅用餐的商人

  C. 指外地商人和本地商人

嘉宾点评

张鹤：这个毫无疑问，汴京城肯定是商贾云集之地了。

单霁翔：因为北宋的时候，它一改前朝对于城市管理的一些制度。比如说唐朝的时候，很多的街市、很多的坊都是用墙围起来的，但是到宋代，尤其北宋的时候，它开始打开了，这些坊的墙变成了一些街道、一些开放的空间。由于大运河的开通，水路得以畅通，就汇集了全国各地的，甚至从丝绸之路沿线来的中亚的一些物品。那么汴京的经济也繁荣起来了，人们也汇集在这里。

蒙曼：对，单院长说得特别对，汴京的好处是什么？它就是一个四通八达之地，所以东南西北的物资都往这儿汇聚。比方说那小鱼干，

东方的小鱼干 　　　　　　东方的盐

西南的花椒 　　　　　　两广的八角

是东方之物，齐国当年有鱼盐之利，这地方靠海；比方说盐，吴盐胜雪，也是东方来的；又比方说花椒，秦椒也好，川椒也好，那就是西方或者西南方来的了；那如果要说八角或者叫大料，那就是两广这一带来的了。所以看这一家摊贩，就知道当时的物资流通有多么发达，汴京老百姓的生活有多么便利。

单霁翔：当然两宋时期的市场繁荣也好，市井繁华也好，还有一个重要的原因，就是相比于前朝，它的科学技术、文化艺术都更为发达。人们开始比较开放了，这样也对城市的繁荣起到了很大的促进作用。

蒙曼：所以宋朝这两幅画我们就能理解了。一幅是王希孟的《千里江山图》，江山如画；一幅是张择端的《清明上河图》，市井繁华。江山如画加市井繁华，就是我们心目中的宋朝。

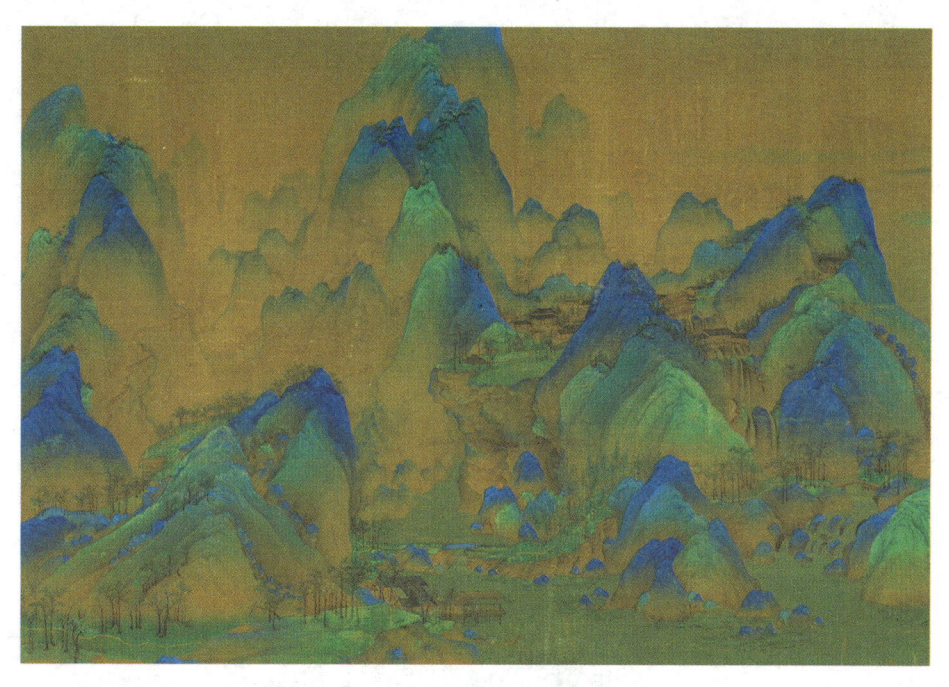

王希孟《千里江山图》（局部）

张择端《清明上河图》(局部)

答案：
A. 指四处行走的商人和坐店经营的商人

三、南来北往

第一题　消消乐

请从以下二十五宫格中选出成语。

北	追	故	驾	辕
盖	驱	镳	驷	如
之	马	千	分	国
道	倾	并	龙	难
南	齐	扬	乘	辙

嘉宾点评

张韬：这组成语很有意思，都跟车、马有关系：南辕北辙的"辕"，是指车前驾马等牲口的直木，倾盖如故的"盖"是指车的顶棚。可见，车、马是古代最为主要的交通工具。

蒙曼：古代坐车也不是随便坐的，"天子驾六，诸侯驾五，卿驾四，大夫三，士二，庶人一"，这是基本的等级规定。至于所谓千乘之国，一乘就是一辆车，是四匹马来拉的，所以这个国家有多少兵力，看有多少辆兵车就可以大概知道。

张韬：在现代出土的文物当中，最著名的车马相关文物应该算是秦铜车马了。

单霁翔：20世纪70年代，在陕西秦始皇陵的西侧发现了两乘青铜车马，被编为一号的叫立车，编为二号的叫安车。这些铜车马制作得非常精良，工艺非常精湛，是世界对于车马认识的一个非常具有典型意义的考古发掘成果。古人留下的这些交通文物，仍然能够使我们感受到那种不怕困难、勇往直前的精神。

秦始皇帝陵一号铜车马

成语探华夏

秦始皇帝陵二号铜车马

答案：
驷马难追、南辕北辙、倾盖如故、
并驾齐驱、分道扬镳、千乘之国

第二题　连连看

题目1：请把成语中的字填写正确。

一（　　）当关

（　　）关人老

（　　）气东来

题目2：请把下列成语和对应的关隘进行连线。

一（　　）当关　　　　玉门关

（　　）关人老　　　　剑门关

（　　）气东来　　　　函谷关

— 嘉宾点评 —

蒙曼：玉关人老是跟班超相关的一个成语。班超在边关好几十年，人已经70多岁了，还在为国家驻守边疆。所谓"胡马依北风，越鸟巢南枝"，中国人是有非常强烈的故乡观念的，所以他老了之后自然想要回家。但是他的想法要更加卑微一些，他说"臣不敢望到酒泉郡，但愿生入玉门关"，他都不敢盼望能回到酒泉，只要活着回到玉门关就可以了，进了玉门关，对于班超而言就算是回家了。所以玉关人老是非常非常感人的一个成语。

单霁翔：这些关隘引发了很多的成语故事，也有很多的历史经典。现在我们对于文化遗产传承，我一直想，我们也是在守护，守护那些重要的部分，守护那些重要的文物，就像守护关隘一样，能够传承我们的传统文化，使我们中华传统文化生生不息。

答案：

一（夫）当关　　　　　玉门关
（玉）关人老　　　　　剑门关
（紫）气东来—————函谷关

第三题　一起来找茬

请从中挑出三个错误成语。

投笔从戎	拔山涉水	立竿见影	五谷丰登
腾云驾雾	粗茶淡饭	驷马难追	朝秦暮楚
势如破竹	鸿鹄之志	毕路蓝缕	飞檐走壁
东山再起	金刚怒目	入木三分	雄姿英发
废寝忘食	夙兴夜寐	黄粱美梦	千锤百炼
琼楼玉宇	曲径通幽	物华天宝	翻山跃岭

成语探华夏

嘉宾点评

张韬：筚路蓝缕的"筚"为什么是竹字头呢？

蒙曼：筚可以指竹子编的篱笆，也可以指竹子编的车棚，总之是驾着一辆很简陋的车，这叫作"筚路"。蓝缕是什么？蓝缕是穿着很破的衣服。筚路蓝缕，以启山林，是说我们怎么开垦这片土地。我们驾着那么简陋的车，穿着那么破旧的衣服来到这片土地上，然后让这片土地变得肥沃、富庶、美丽，成为我们真正的家园。

答案：

拔山涉水（应为"跋"）

毕路蓝缕（应为"筚"）

翻山跃岭（应为"越"）

第四题　情景题

题目1

直道 AI 生成图

第五期　四通八达

秦始皇统一六国之后，为了便于统御四方，修筑了四通八达的道路网，其中从咸阳向北修筑了一条直道，一直通达今天的内蒙古。这条道路的干道宽度可达二三十米。

根据学者推测，修建直道首先要去掉植被，露出坚硬地面，然后铺上一层砂岩碎石作为地基，再铺设一层熟土，然后用大石进行压实，两侧还设有排水沟，所以它可以说是中国乃至世界上最早的高速公路了。

请问秦始皇下令修建直道的主要目的是什么？

A. 求仙问道　　　　B. 调兵遣将　　　　C. 万邦来朝

= 嘉宾点评 =

张韬：求仙问道、调兵遣将、万邦来朝，都需要路才能够实现，为什么唯独调兵遣将是最主要的目的呢？

蒙曼：因为直道还真没有其他的目的。直道当时对应着秦国的一个非常非常重要的国家战略，就是不让匈奴进入中原。直道为什么叫直道？因为它就是直的，修建它时，如果遇到山，怎样？开山。遇到河，怎样？填河。对于秦来讲，直道就是最重要的能够直接打击敌人、能够直接调运物资的一条道路。所以这就看出，中国古代所有的道路交通，第一目的是什么？必然是军事目的。

单霁翔：对，这些秦直道非常坚固，二三十米宽，它用砂石来铺垫一层以后，用熟土再铺垫一层，然后用巨石等工具来进行压实，旁边还有排水沟，所以这样的道路非常结实和便利。过去保护文化遗产往往局限在一个地区、一个城市中间，只保护一座桥、一座塔、一座古建筑，后来扩大到古街道、古建筑群、古村落、历史名城，由点到面，于是就有

秦直道建造示意图

大运河、丝绸之路、茶马古道、京西古道,以及秦直道这样的线性遗产,它们是过去人们交往的重要途径。所以我们今天保护文化遗产,要重视那些线性文化遗产,那些文化线路。

茶马古驿

答案:
B.调兵遣将

题目2

中国大运河

中国大运河是世界上开凿最早、航程最长的运河。

滚滚运河水奔流不息，为这些城市带来了源源不绝的人与物，更带来了技艺与思想的交流和碰撞，推动了区域性商业中心的繁荣发展。

尽管运河已不再像古代一样承担重要的经济职能，但是运河仍然深深影响着城市的文化面貌，影响着当代生活的足迹。

请问下列哪个成语最适合形容这些运河城市？

A. 通都大埠　　　　B. 固若金汤　　　　C. 阡陌纵横

嘉宾点评

张韬：为什么不可以是阡陌纵横呢？

蒙曼：阡陌纵横是田野的状态，只要是土地，就可以是阡陌纵横的，所以这个成语跟城市关系远。通都大埠强调的是它的经济属性，运河最开始的用途一定是军事，但是只要开凿出来，很多人就依托这条道路来存活，然后就给这条道路赋予其他的功能了。要大规模地运送物资，哪一种运输方式是最可靠的？一定是水运，从尼罗河文明到中国的黄河、长江文明，河在人类文明发展的过程中都扮演着重要角色。

张韬：所以说大运河不仅是我们国家非常重要的一个交通水系，它也在政治、军事、文化等各个方面，有着非常重要的战略价值。

单霁翔：对，我们的江河都是从西往东，但是出现了这么一条南北的水路，这条大运河就影响了广阔区域的人们的生活和生产，而且它串联了我们35座城市的数亿人的生活。运河沿线这些城镇是因为运河而生、而兴的，我们这些物质的、非物质的文化遗产在运河上是集聚的，运河沿线的那些比如江南水乡、传统村落、历史街区，仍有人们生活其中，它们虽然普普通通，但是寄托着人们的乡愁。

还有很多文化艺术人才，也是顺着大运河漂过来的。大运河使南方的文化和北方的文化交融在一起，形成了我们国家这样的一个整体文化气象，也坚定了我们的文化自信。

答案：
A. 通都大埠

四、文明互鉴

第一题　消消乐

请从以下二十五宫格中选出成语。

同	带	山	国	唇
邻	依	游	衣	善
水	海	求	航	周
异	一	亲	分	存
列	齿	梯	相	仁

=嘉宾点评=

张韬：这六个成语连起来是古人处理国家关系的智慧锦囊，在这些丰富成语的背后包含了一个共同的底色，那就是中国由来已久的一种观念——和而不同。

蒙曼：对，儒家理想讲天下大同，如果暂时不同，也有一个很好的说法，叫作求同存异。这些成语也不都是讲现代意义上的国际关系，要把它们放在古代的背景之下进行解读。比方说一衣带水，一衣带水讲的是什么？就是隋朝的皇帝看着江南的陈朝说，岂能因为隔着一条衣带一样窄窄的水，我就不去拯救那边的老百姓呢？那个像一条衣服带子那样窄的水是指什么呀？长江。其实表达的是大一统的雄心。包括唇齿相依也是。春秋时期，晋国想去灭掉虢国，需要从虞国这儿借道。虞国的宫之奇劝谏国君说，如果你让它借道去攻打虢国，它把虢国灭掉之后顺手就把虞国也吃掉了，所以唇亡齿寒或者唇齿相依讲的就是虞、虢两国的关系。至于亲仁善邻，意思是让大家把朋友交得多多的，把敌人搞得少少的。然后通过梯山航海的方式去周游列国，以求同存异的姿态去亲仁善邻，最后达到的局面是什么？天下大同。我觉得这才是中国人的天下观。

单霁翔：《成语探华夏》这个节目，我觉得就是交流互鉴的很好契机，一个是古与今，我们能穿越时空交流；一个是中与外，我们中外文化交流。所以我们通常说要以成语智慧来吸取经验，我认为我们这个节目的重要意义就在于此。今天在我们国家，文化资源如满天星斗般地散布在中华大地，像三星堆的考古遗址、良渚的文化景观、景德镇的陶瓷文化，这些都蕴含着古人的智慧，可以给今人以启迪。所以说，我们学习成语也是交流互鉴的一个过程。

三星堆商青铜兽面具

成语探华夏

良渚神人兽面纹玉琮

答案：

求同存异、一衣带水、唇齿相依、
周游列国、亲仁善邻、梯山航海

第二题　连连看

题目1：请把成语中的字填写正确。

不入虎穴，（　　）得虎子

（　　）雁传书

五体（　　）地

题目2：请把下列成语和对应的历史名人进行连线。

不入虎穴，（　　）得虎子　　　玄奘

（　　）雁传书　　　班超

五体（　　）地　　　苏武

── 嘉宾点评 ──

蒙曼：五体投地跟玄奘的关系，很多人其实是不知道的。《大唐西域记》讲到，五体投地是西域小国的一种对人表达敬意的方式，其实也是当时整个南亚佛国对佛表达敬意的方式。这就是世界文明的交往、交流、交融，或者叫文明互鉴。

单霁翔：对，所以我们今天真的需要像班超那样"不入虎穴，焉得虎子"的实践精神，也应该有像玄奘法师一般能够舍身求法的勇气，来促进不同文化的交流和创新，来亲身体验各地的文化、各国的文化，来使文明能够交流互鉴。

答案：

不入虎穴，（焉）得虎子 —— 玄奘
（鸿）雁传书 —— 班超
五体（投）地 —— 苏武

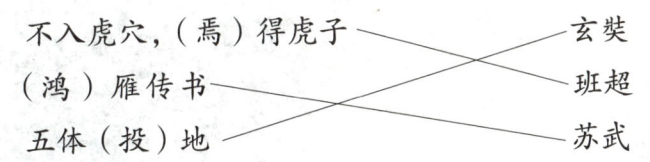

第三题　一起来找茬

请从中挑出三个错误成语。

百步穿杨	封狼居胥	投笔从戎	定海神针
腾云驾雾	粗茶淡饭	驷马难追	朝秦暮楚
势如破竹	鸿鹄之志	博彩众长	飞檐走壁
掌上明珠	融汇贯通	入木三分	雄姿英发
立竿见影	夙兴夜寐	黄粱美梦	求同存异
相得亦彰	曲径通幽	登堂入室	千锤百炼

答案：

博**彩**众长（应为"采"）

融**汇**贯通（应为"会"）

相得**亦**彰（应为"益"）

第四题　情景题

题目 1

郑和航海 AI 生成图

明朝初年，郑和奉旨七下西洋，从今天江苏太仓的刘家港扬帆出海，一路穿越东海、南海，到访东南亚、南亚、西亚诸国，最远到达东非肯尼亚一带，途经 30 多个国家，这是中国古代海上丝绸之路上最庞大的一支船队。多达 200 艘不同类型的船舶装载着东方的丝绸、瓷器、茶叶、漆器和其他工艺品扬帆远航，带回西方的珠宝、香料、药材和珍禽异兽。

请问以下哪个成语最适合形容郑和下西洋的目的？

A. 将本求利　　　　B. 互通有无　　　　C. 吊古寻幽

嘉宾点评

蒙曼：郑和下西洋现在是一个非常热门的话题，它比西方的大航海开始得更早，它造成的实际影响是中外互通有无，有非常多的好东西经由郑和下西洋进入中华文明体系。不过，有些东西的传入也产生了意外的影响，比方说一种搅动起明朝经济风云乃至政治风云的物件——郑和带回来的胡椒。胡椒在中国古代和西方古代都是奢侈品，事实上它在很多时候可能比黄金更贵重。如果有人大量买进的话，就会引起别人的跟进，最终影响的是什么？货币恐慌。胡椒毕竟不是真正的硬通货，它不是真正的黄金，所以又会引起很多其他的混乱，这是郑和万万想不到的事情。但是这件事告诉我们什么？世界是连在一起的。

胡椒

单霁翔：郑和下西洋是一个壮举，他是中国人第一次也是全世界第一次大规模远航。为什么说是独一无二的壮举？首先，郑和船队引进科学技术，将航海的天文定位和导航的罗盘结合应用，这种技术被称为牵星术。大家知道，我国有一幅《郑和航海图》，这是全世界仅存的最早的航海图集，它的内容非常全面，为我们的航海提供了重要的参考。其次，郑和下西洋不仅开拓了一条商贸之路，也带回了各国不同文明的故事，所以它也开拓了一条文明交流之路。这种文化交流对我们农业的发展、文化的繁荣也产生了很大的影响。

《郑和航海图》（局部）

答案：

B. 互通有无

题目2

郑和航海 AI 生成图

郑和七下西洋，为沿途各国带去了中国特产陶瓷、茶叶、丝绸，也带回来许多异国他乡的香料、宝石、珍禽异兽，其中有一头长颈鹿，它一上岸就吸引了明朝百姓的目光，啧啧称奇之余，人们还把它和中国的某种古代神兽联系在了一起。

请问百姓把长颈鹿和以下哪个成语中的神兽联系起来？
A. 龙马精神的龙马
B. 飞熊入梦的飞熊
C. 天上麒麟的麒麟

嘉宾点评

蒙曼：为什么要带长颈鹿？因为人们把它跟中国的麒麟联系起来，麒麟是瑞兽，但是它长什么样子没有人知道。麒麟在中国文化中的意义相当于什么？它有点像独角兽之于欧洲的概念。就是一种仁兽，是一种瑞兽，如果去捕猎它的话是不义的，如果它出现的话，恰恰代表着国家进入了河清海晏的局面。郑和下西洋也会带有这方面的一些心思和使命，他把长颈鹿带回来，跟皇帝说，这就是古代传说中的麒麟。皇帝一看更加高兴，也会更加支持他的事业。所以无论是长颈鹿、狮子，还是其他的珍稀动物，当时可能不具有经济功能，但是它们具有政治象征意义，而且具有文化交往的使命。其实中国古代赋予好多动物象征意义，比方说龙马精神这个成语，出自《上裴晋公》这首诗，裴晋公就是唐代宰相裴度。有人给裴度写诗，说"四朝忧国鬓成丝，龙马精神海鹤姿"，说他具有骏马一样的精神，具有海上仙鹤那样的风姿。再比方说飞熊入梦，周文王说我梦见一只飞熊，然后周公就跟他讲，你梦到飞熊就说明国家要得贤才了，这个贤才是谁？最后落到姜子牙姜尚身上。飞熊入梦从此有了一个象征意义，就是国家得到贤良。所以可以看出来，在全世界文明的交往过程中，一草一木、一种动物，都可能具有别样的意义。在某个国家看到的好像很正常、很普通的一个现象，到别的国家可能就成为一种非常神奇的现象，甚至成为一种祥瑞，这就是在文明交往过程中一种很美丽的风景。

答案：
C. 天上麒麟的麒麟

第二环节　扶摇直上

在本环节中,两组选手将进行快问快答的比拼,每答对一题加 1 分。答错则将答题权转交给另一组,依此循环,率先得到 20 分的一组胜出。

快问快答　　　　　　先知先觉

1. 过关斩将比喻不断克服困难战胜对手,《三国演义》中过五关斩六将的是谁?
答:关羽。　✔

> 东汉末年,关羽与刘备、张飞失散后,凭自己的勇猛,连续过东岭、洛阳、汜水、荥阳和黄河渡口五关。

2. 安步当车中的"当"是什么意思?
答:代替。　✔

> 以从容的步行代替乘车。

3. 下车伊始最初是指什么?
答:新官上任。　✔

> 旧指新官刚到任。现比喻带着工作任务刚到一个地方。

4. 斗折蛇行出自哪位文学家的作品?
答:王羲之。　✖　(正确答案:柳宗元)

> 出自唐·柳宗元《小石潭记》:"潭西南而望,斗折蛇行,明灭可见。"

5. 按图索骥中的"骥"指什么?
答:好马。　✔

> 按照画像去寻找好马。比喻墨守成规办事;也比喻按照线索去寻找。

211

成语探华夏

6. 鹏程万里出自《庄子》的哪篇文章？
答：《逍遥游》。 ✓

> 出自《庄子·逍遥游》："鹏之徙于南冥也，水击三千里，抟扶摇而上者九万里。"

7. 同舟共济最初指哪两个国家的人一同渡河？
答：秦国和晋国。 ✗（正确答案：吴国与越国）

> 出自《孙子·九地》："夫吴人与越人相恶也，当其同舟而济，遇风，其相救也，如左右手。"

8. 通衢广陌中的"陌"指什么？
答：小路。 ✓

> 四通八达的大路和空旷的小路。

9. 老马识途最早是谁出的主意？
答：管仲。 ✓

> 出自《韩非子·说林上》："管仲、隰朋从于桓公伐孤竹，春往冬返，迷惑失道。管仲曰：'老马之智可用也。'乃放老马而随之，遂得道。"

10. 在南辕北辙的故事中，赶路之人本来打算去哪里？
答：楚国。 ✓

> 出自《战国策·魏策四》："犹至楚而北行也。"正像要到楚国却向北走一样。

11. 无路请缨中的"请缨"跟哪位人物有关？
答：终军。 ✓

> 出自唐·王勃《滕王阁序》："勃，三尺微命，一介书生。无路请缨，等终军之弱冠；有怀投笔，慕宗悫之长风。"

12. 车马骈阗中"骈"的本义是指几匹马所驾的车？
答：两匹。 ✓

> 骈：两物并列成双的，对偶的。

13. 萍水相逢出自哪篇文章？
答：……（选手未答出） ✗（正确答案：《滕王阁序》）

> 出自唐·王勃《滕王阁序》："萍水相逢，尽是他乡之客。"

14. 别开生面中的"生面"是什么意思？
答：新的面貌。 ✓

> 另外开创新的局面或新的形式。生面：新的面貌。

15. 康庄大道中"康"的本义是指通往几个方向的道路？
答：六个。 ✘ （正确答案：五个）

出自《尔雅·释宫》："四达谓之衢，五达谓之康，六达谓之庄。"

16. 披星戴月中的"披"是什么意思？
答：披在身上。 ✔

形容连夜奔波或早出晚归，十分辛苦。披：披在身上。

17. 摩肩接踵最早形容哪个国家的都城人口众多？
答：齐国。 ✔

出自《战国策·齐策一》："临淄之途，车毂击，人肩摩。"

18. 暗度陈仓中的"陈仓"位于今天的哪个城市？
答：宝鸡。 ✔

陈仓，古县名，在今陕西省宝鸡市东，为通向汉中的交通孔道。

19. 乔迁之喜最早指谁搬家？
答：鸟儿。 ✔

乔迁：鸟儿飞离深谷，迁到高大的树木上去。贺人迁居或贺人官职升迁之词。

20. 阳关大道最早指通向哪个地方的道路？
答：长安。 ✘ （正确答案：西域）

出自唐·王维《送刘司直赴安西》："绝域阳关道，胡沙与塞尘。"

21. 咫尺天涯中的"咫"和"尺"，哪个所指的距离更短？
答：咫。 ✔

咫：古代八寸为咫。尺：十寸。

22. 闭门却扫中的"却"是什么意思？
答：开始。 ✘ （正确答案：停止）

出自汉·应劭《风俗通义·十反》。却：停止。却扫：不再清扫车迹，意指谢客。关上大门，扫除车迹。指闭门谢客，不和外界往来。

23. 鲜车怒马中的"怒"是什么意思？
答：气势强盛。 ✔

华丽的车辆，肥壮的马。形容服用讲究，生活豪华。

24. 居大不易最初指的是哪座城市？
答：西安。 ✔

本为唐代诗人顾况以白居易的名字开玩笑。后比喻居住在大城市，生活不容易维持。

25. 鳞次栉比中的"栉"是什么意思？
答：整齐地排列。 ✘ （正确答案：梳子齿）

出自《诗经·周颂·良耜》。栉：梳子、篦子等梳发用具。像鱼鳞和梳子齿那样有次序地排列着。

26. 凭轼结辙形容车马络绎不绝，其中的"轼"是什么意思？
答：扶手。 ✔

凭轼：靠着车前扶手。结辙：车轮的辙迹相迭，形容车马络绎。驾车奔走，不绝于道。

27. 投鞭断流中的"流"指的是哪条河流？
答：长江。 ✔

把所有的马鞭投到长江里，就能截断水流。比喻人马众多，兵力强大。

28. 成语锦衣夜行出自哪位历史人物？
答：项羽。 ✔

原作衣绣夜行。出自《史记·项羽本纪》："富贵不归故乡，如衣绣夜行。"《汉书·项籍传》作衣锦夜行。

29. 成语乘桴浮海出自哪位历史人物？
答：庄子。 ✘ （正确答案：孔子）

出自《论语·公冶长》："子曰：'道不行，乘桴浮于海，从我者其由与？'"

30. 折冲樽俎一般指什么成就？
答：谈判胜利。 ✔

指不用武力而在酒宴谈判中制敌取胜。

31. 连中三元中的"三元"指什么？
答：进士、解元。 ✘ （正确答案：解元、会元、状元）

三元：科举制度称乡试、会试、殿试的第一名为解元、会元、状元，合称"三元"。

32. 沉鱼落雁一般指古代哪两位美女？
答：西施和王昭君。 ✔

形容西施和王昭君的美貌。

33. 萧规曹随比喻后人沿袭前人的遗志，其中的"萧"和"曹"分别指谁？
答：萧何和曹操。 ✗ （正确答案：萧何和曹参）

> 萧何创立了规章制度，死后，曹参做了宰相，仍照着实行。比喻按照前任的成规办事。

34. 博士买驴一般用来形容什么？
答：废话连篇。 ✓

> 博士买了一头驴子，写了三纸契约，没有一个"驴"字。讥讽写文章长篇累牍而说不到点子上。

35. 江郎才尽比喻人的才情文思衰退，其中的"江郎"指谁？
答：……（选手未答出） ✗ （正确答案：江淹）

> 原指江淹少有文名，晚年诗文无佳句。

36. 黄羊任人中的"黄羊"本义是什么？
答：人名。 ✓

> 出自战国·卫·吕不韦《吕氏春秋》："晋平公问于祁黄羊曰：'南阳无令，其谁可而为之？'祁黄羊对曰：'解狐可。'"

37. 沆瀣一气比喻气味相投的人结合在一起，其中的"沆瀣"分别指谁？
答：……（选手未答出） ✗ （正确答案：崔沆、崔瀣）

> 出自宋·钱易《南部新书》戊集。沆瀣：指唐时的崔沆、崔瀣。

38. 牛角挂书讲的是谁的故事？
答：李密。 ✓

> 出自《新唐书·李密传》："闻包恺在缑山，往从之。以蒲鞯乘牛，挂《汉书》一帙角上，行且读。"

39. 井然有序、井井有条中的"井"是什么意思？
答：整齐。 ✓

> 形容说话办事有条有理。

40. 川流不息与一马平川中的"川"意思是否相同？
答：相同。 ✗ （正确答案：不同）

> 川流不息的"川"：河流。一马平川的"川"：地势平坦的地方。

41. 旁门左道中的"左"是什么意思？
答：不正。 ✓

> 泛指不正派的东西。

42. 信马由缰中的"信"是什么意思？
答：任凭。 ✓

> 比喻无目的地随意溜达。信：听凭、任凭。由：随意、任意。

43. 纨绔子弟中的"纨"指的是粗布，还是细绢？
答：细绢。 ✓

> 指只知享受、不肯劳动的富贵人家子弟。纨绔：细绢做的裤子。

44. 春风得意出自谁的诗作？
答：孟郊。 ✓

> 出自唐·孟郊《登科后》："春风得意马蹄疾，一日看尽长安花。"

45. 甘之如饴中的"饴"指的是蔗糖，还是麦芽糖？
答：麦芽糖。 ✓

> 感到像麦芽糖一样甜。比喻甘愿承受艰难困苦。

46. 大块朵颐中的"朵颐"是指什么？
答：咀嚼食物。 ✓

> 痛痛快快地大吃一顿。

47. 芝兰玉树是用来形容男子风姿俊美，还是子弟后辈才智优秀？
答：子弟后辈才智优秀。 ✓

> 比喻有出息的子弟。

48. 五谷不分出自哪部典籍？
答：《孟子》。 ✗ （正确答案：《论语》）

> 出自《论语·微子》："四体不勤，五谷不分，孰为夫子？"指不参加劳动，不能辨别五谷。形容脱离生产劳动，缺乏生产知识。

49. 故剑情深是历史上哪对夫妻的故事？
答：汉宣帝和许平君。 ✓

> 指的是汉宣帝在登基后想立贫贱之妻许平君为皇后，通过下"寻故剑"诏书表达深情，最终立许平君为皇后。

50. 蟾宫折桂是指什么？
答：科举及第。 ✓

> 攀折月宫桂花。科举时代比喻应考得中。

结　　语

单霁翔：来到《成语探华夏》节目，真是感慨良多。我们探求成语故事，更是探求共同的记忆、共同的过往。中国作为一个文明古国，不仅仅是政治上的、法理上的，更是文化上的、传承上的。中国不单是某经度纬度间的一片土地，或某肤色、发色的人种，更是用同样的成语，说同样的语言，写同样的文字，有同样的记忆的共同体，这样，中华民族才能成为一家，牢不可破，中华文明才能流转不绝，生生不息。

蒙曼：今天的主题是四通八达，这是讲道路的。我们一生都是跟道路相关的：当我们说到生存环境的时候，谁不希望它是阡陌交通、鸡犬相闻呢？当我们说到人生的时候，谁不希望能有峰回路转的机会、走上康庄大道呢？当我们说到社会环境的时候，谁不希望是路不拾遗、夜不闭户呢？当我们说到交往、交流的时候，谁不希望政通人和、互通有无呢？所以我们共同的盼望都在路上。我们希望书山有路，我们希望逢山开路，我们相信大道如砥、行者无疆。

张韬：古老的成语开拓了南来北往的道路，增进了文明互鉴的可能，描绘了物阜民丰的盛世图景，也展现了海纳百川的博大胸襟。古老的成语，贯通古今、通达世界，告诉我们从何处来、往何处去。

小游戏　成语接龙

请用给出的成语开始接龙。

【南辕北辙】辕：车前驾牲畜的两根横木，引申指车；辙：车轮滚过的痕迹，引申指道路。意思是本想往南，而车却向北行。比喻行动跟目的相反。《战国策·魏策四》："今者臣来，见人于大行，方北面而持其驾，告臣曰：'我欲之楚。'臣曰：'君之楚，将奚为北面？'曰：'吾马良。'臣曰：'马虽良，此非楚之路也。'曰：'吾用多。'臣曰：'用虽多，此非楚之路也。'曰：'吾御者善。'此数者愈善，而离楚愈远耳。"

南辕北辙→辙乱旗靡→靡靡之音→音容笑貌→貌合神离→离心离德→德高望重→重义轻生→生龙活虎→虎落平川

【驷马难追】即"一言既出，驷马难追"。比喻已说的话，难于收回；既成的事实，不能挽回。《新五代史·晋高祖皇后李氏传》："不幸先帝厌代，嗣子承祧，不能继好息民，而反亏恩辜义。兵戈屡动，驷马难追，咸实自贻，咎将谁执！"

驷马难追→追亡逐北→北面称臣→臣门如市→市无二价→价值连城→城狐社鼠→鼠目寸光→光彩夺目→目不暇接

【跋山涉水】跋山：翻山越岭；涉水：徒步过河。爬山过河。形容长途远行的艰辛劳苦。《左传·襄公二十八年》："跋涉山川，蒙犯霜露。"

跋山涉水→水火无情→情窦初开→开怀畅饮→饮水思源→源远流长→长篇大论→论古谈今→今非昔比→比屋而封

【调兵遣将】调动军队，派遣将领。也泛指调动安排人力。明·施耐庵《水浒传》第六十七回："写书教太师知道，早早调兵遣将，剿除贼寇报仇。"

调兵遣将→将勇兵强→强奸民意→意气用事→事出有因→因祸得福→福至心灵→灵机一动→动手动脚→脚踏实地

【一衣带水】水面像一条衣带那样窄。后形容两岸虽然为水面所隔，但相距很近，往来方便。《南史·陈后主纪》："隋文帝谓仆射高颎曰：'我为百姓父母，岂可限一衣带水不拯之乎？'"

一衣带水→水中捞月→月落乌啼→啼饥号寒→寒泉之思→思绪万千→千金市骨→骨肉相残→残杯冷炙→炙手可热

【唇齿相依】像嘴唇和牙齿一样互相依存。比喻关系密切，互相依存。《三国志·魏书·鲍勋传》："王师屡征而未有所克者，盖以吴、蜀唇齿相依，凭阻山水，有难拔之势故也。"

唇齿相依→依依惜别→别具匠心→心高气傲→傲睨万物→物换星移→移山填海→海阔天空→空前绝后→后生可畏

【梯山航海】指翻山越岭，渡过海洋。形容经过长途跋涉，历尽艰难险阻。《宋书·明帝纪》："日月所照，梯山航海；风雨所均，削衽袭带。"

梯山航海→海底捞月→月光如水→水到渠成→成千上万→万众

一心→心慈手软→软硬兼施→施朱傅粉→粉饰太平

【鸿雁传书】鸿雁传递书信。比喻书信往来。《汉书·苏武传》："教使者谓单于，言天子射上林中，得雁，足有系帛书，言武等在某泽中。"

鸿雁传书→书不尽言→言谈举止→止戈为武→武昌剩竹→竹马之交→交口称赞→赞不绝口→口诛笔伐→伐功矜能

【互通有无】互相沟通、交流，拿自己多余的东西去调换自己所缺少的东西。《三国志·吴书·周瑜传》："坚子策，与瑜同年，独相友善，瑜推道南大宅以舍策，升堂拜母，有无通共。"

互通有无→无法无天→天伦之乐→乐不思蜀→蜀犬吠日→日以继夜→夜阑人静→静观默察→察察而明→明来暗去

【取长补短】指吸取别人的长处，来弥补自己的不足。《吕氏春秋·用众》："故善学者，假人之长以补其短。"

取长补短→短绠汲深→深居简出→出人头地→地利人和→和而不同→同舟共济→济人利物→物腐虫生→生机勃勃

第六期　薪火相传

指穷于为薪，火传也，不知其尽也。
——《庄子·养生主》

　　探成语故事，寻泱泱华夏。源远流长，波澜壮阔，中华文脉生生不息；前赴后继，英雄辈出，中华儿女接力进取；历久弥新，与日俱进，中华民族阔步前行。今天就让我们通过成语共同感悟薪火相传，也共同期待各位智慧闪耀，一往无前。

主持人：康辉

成语探华夏

我们的民族生生不息，我们的文化源远流长。我相信成语可以给我们带来智慧，犹如醍醐灌顶、甘露洒心。

——姚喜双

中国传媒大学教授　博士生导师

国家语委咨询委员

中国语文现代化学会会长

今天的主题是薪火相传，这个"火"对于包括华夏文明在内的全世界的文明，产生了巨大的推动作用。从星星之火到万家灯火，这一把火始终都在推动着我们中华民族，不断地走向振兴、走向复兴，让大家都能过上越来越火的生活，达到热火朝天的程度。

——康震

北京师范大学文学院教授　博士生导师

因为我来自南方科技大学，所以一说到成语，就会自然往科技方面偏一下，比方说技艺上出神入化，人的品格德艺双馨。这种简洁而富有智慧的表达，包含着、浓缩着文化的精华、技术的精华，历代传承，不断创新，是传统文化传承与创新的典范。

——唐际根

南方科技大学讲席教授

中国社会科学院考古研究所　原殷墟考古队队长

第一环节　探本溯源

一、创造

第一题　消消乐

请从以下二十五宫格中选出成语。

绳	一	斧	为	墨
圭	得	见	是	弄
竿	班	鱼	网	忘
开	奉	筌	立	臬
规	影	门	面	矩

=== 嘉宾点评 ===

姚喜双：圭臬是古代测量日影的一种仪器。圭是指平卧的尺，臬也叫表，是竖立起来的标杆。

康震：绳墨规矩，绳墨很好理解，木匠要截这段木头，要求做到横平竖直，这时就

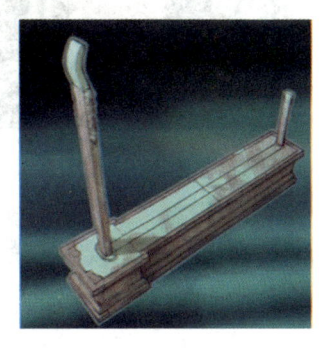

圭表

需要用墨斗，把墨线拉出来，一弹就是一条墨色的直线，顺着线把它锯下来即可，这个打直线的工具就是绳墨。至于规矩，没有规矩不成方圆，这规矩，实际上指的就是用来画方形、圆形的工具。所以绳墨规矩说的就是标准、规则、规矩。

绳墨图 1

绳墨图 2

康辉：得鱼忘筌，跟过去的打鱼生活相关，指得了鱼丢掉了捕鱼的竹网。这组成语都和我们中国，特别是古代人们的日常生活、生产相关，有做木匠活的，有打鱼、捕鱼的，还有计时的。

木匠 AI 生成图

捕鱼 AI 生成图

唐际根：康辉老师说得特别对，成语是古代社会生活的反映，它背后其实就是那个时候人们真实生活的写照。

答案：
班门弄斧、得鱼忘筌、绳墨规矩、
立竿见影、奉为圭臬、网开一面

第二题　连连看

题目1：请把成语中的字填写正确。

漏尽（　　）阑

丝丝入（　　）

木牛（　　）马

题目2：请把下列成语有关的发明和对应的用途进行连线。

漏尽（　　）阑　　　　　运输

丝丝入（　　）　　　　　织布

木牛（　　）马　　　　　计时

=嘉宾点评=

康辉：这个题跟刚才那一组成语同样，也是有很多和过去人们的生产、生活相关的场景。比如说漏尽更阑，它反映了一种计时方式。今天我们说计时太简单了，看手表、手机，就知道几点了，但过去不一样。过去有专门的计时工具，如沙漏、水滴漏等。更是过去的一个计时单位，我们经常说的"几更了"就是用的这个意思。另外比较常见的计时单位如时辰，两个小时是一个时辰。这就是漏尽更阑的背景。

唐际根：现在大家对织布比较生疏。织布的时候，要在织机上先挂经线，就是竖线，为了把丝编成布，要在竖线的基础上穿横线。编的过程当中，竖线即经线穿过筘齿固定了位置，这个时候就可以用一只手在黑暗之中穿过去，织出优质的布来，这叫丝丝入扣，暗中穿梭，不看都能够穿过去，这指的就是技艺的娴熟。做事得认真，做得好后面才有好的结果。

成语探华夏

织布机

康震：中国的成语有这样一个特点，就是很多成语体现了劳动、生产的智慧。比方说木牛流马，在当时这就是一个伟大的发明。因为诸葛亮打仗主要是打粮食仗，他要去北伐，曹魏那边是以逸待劳，而他是长途奔袭，粮食一旦供应不上就会出大问题。所以曹魏没有发明的动力，他有发明的动力。因为这个发明，所以现在一说到木牛流马，我们就想到了这种长途运输，非常艰辛。这就是成语智慧里伟大的地方，不是所有看到的现象都能凝练成智慧，但是凝练成为智慧之后，它就能指导普遍的现象和生活。

木牛流马《三国演义》剧照

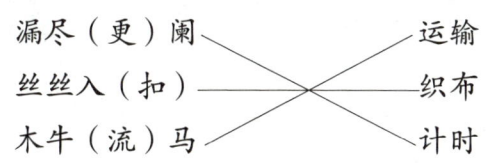

答案：
漏尽（更）阑 —— 计时
丝丝入（扣）—— 织布
木牛（流）马 —— 运输

第三题　一起来找茬

请从中挑出三个错误成语。

标新立意	定海神针	入木三分	五谷丰登
腾云驾雾	粗茶淡饭	驷马难追	朝秦暮楚
势如破竹	鸿鹄之志	大刀阔斧	独竖一帜
东山再起	金刚怒目	车栽斗量	雄姿英发
废寝忘食	夙兴夜寐	黄粱美梦	千锤百炼
琼楼玉宇	曲径通幽	物华天宝	瑕不掩瑜

=嘉宾点评=

康辉：这个题就是考成语当中容易写错的那个字，有的人会说，这成语嘛，换个字看起来意思也差不多。

姚喜双：不能改字。标新立异，"异"是不同，指有新的发现创造。用"意"就变成意思的"意"了，这肯定不行。车载斗量这个成语，字容易写错，音也容易读错，读载（zǎi），主要是指时间方面，我们"记载年月日"；读载（zài），是承载、车辆的装载，比如我们说千载（zǎi）难逢、车载（zài）斗量。

答案：

标新立**意**（应为"异"）

独**竖**一帜（应为"树"）

车**栽**斗量（应为"载"）

第四题　情景题

题目1

邯郸太极国术馆

邯郸不仅是成语之乡，还是太极之乡，杨氏太极拳、武氏太极拳，均发源于邯郸广府古城。太极拳的动作看起来是比较慢的，但是这种慢并不代表没有力量。太极拳也讲究阴阳变化，在一快一慢、一动一静间达到平衡。

请问以下哪个成语也表现了两种力量互相配合、互为补充的意思？

A. 刚柔相济　　　　B. 以强凌弱　　　　C. 软硬兼施

= 嘉宾点评 =

康震：邯郸有杨氏太极、武氏太极，咱们现在以为太极拳就是健身养生的，实际上它的内涵精深博大，有中架拳、小架拳、大架拳等好多种，它代表了习拳的不同风格。然而拳法毕竟是一个技击术，太极拳肯定不会没有技击的元素，对这部分的传承各家各派是很谨慎的，不轻易外传，就是为了能够确保这种拳术的安全性。

邯郸永年杨氏太极拳演示

答案：

A. 刚柔相济

题目 2

进步搬拦捶　　　　　　　　　　上步揽雀尾

邯郸太极拳自一代宗师杨露禅、武禹襄开宗立派以来，传承至今已有将近 200 年的历史，在他们之后，传人、弟子不断努力，不但有继承，还有发展，发源于邯郸的杨氏、武氏太极拳，在全世界范围内开花结果。

请问下列哪一个成语，最能说明这种发展的过程？

A. 吐故纳新　　　　B. 温故知新　　　　C. 整旧如新

= 嘉宾点评 =

康辉：唐老师，在您的工作过程当中，对于中国传统文化所不断传达的这种吐故纳新、刚柔相济的精神，您是不是也会有很深的体会？

唐际根：我看到这几个成语之后，第一反应是整旧如新。我不是说这个是答案，只是我的职业反应是整旧如新。比如说文物出土以后要修一下，把它修成新的。

康辉：但是我们现在都说要修旧如旧。

唐际根：对，你说得很对，现在来讲就是说修完以后跟旧的一样。我们这帮人，每天面对的都是那堆古老的、古旧的东西，但是，如果只停留在古旧的东西的层面，就不会有创新，我们这个工作就没有意义。所以其实我们在做的，包括我自己经常这么想，就是面对这些古旧、古老的东西的同时，从里头挖掘出我们这个社会发展的规律，然后推动创新发展。从这个角度来讲就是吐故纳新。

答案：
A. 吐故纳新

二、奋斗

第一题　消消乐

请从以下二十五宫格中选出成语。

躬	披	食	悬	寐
股	夙	足	胼	尽
胝	寝	星	废	胆
夜	梁	手	鞠	刺
肝	瘁	兴	沥	忘

— 嘉宾点评 —

康震：悬梁刺股的"刺股"说的是苏秦，他曾外出游历，想向秦王献计，秦王对他挺客气，但是没用他。他灰头土脸地回到家里，妻子、嫂子、父母都不待见他，他觉得压力很大，就躲在屋里头勤奋读书，了解六国大事，瞌睡的时候就扎自己一下。他因为对自己够狠，在家里待了一年，再出去的时候，赵王对他很赏识。所以这些狠，都是有动力的，要么是为工作，要么是为朝廷，要么是为学习。事实证明，不对自己狠一点，你的光彩就出不来，光彩出来了，你对自己就不叫狠，而是为了让自己所有的潜能都能释放出来。

康辉：唐老师，我觉得您对这些成语一定心有戚戚焉，因为考古工作有的时候真的需要这些成语当中的精神，特别像胼手胝足，可能每一个考古工作者手上都会磨出厚厚的茧子。

唐际根：这组成语里头有一个关于身体的老茧的概念。我们发掘的时候手拿手铲，拿久了以后，手上就会长茧，这就是所谓的"胼胝"。胼手胝足指辛勤劳作，身体受到外部的压力发生了变化，古人据此创造出了这个成语。

答案：

夙兴夜寐、废寝忘食、鞠躬尽瘁、

胼手胝足、披肝沥胆、悬梁刺股

第二题　连连看

题目1：请把成语中的字填写正确。

案无留（　　）

铁（　　）磨穿

寒（　　）暑耕

题目2：请把下列成语和对应的场景进行连线。

案无留（　　）　　　　读书

铁（　　）磨穿　　　　务农

寒（　　）暑耕　　　　办公

◆ 嘉宾点评 ◆

姚喜双：这些成语很多都是侧面描写，比如铁砚磨穿，指经过刻苦的练习，写了很多字，铁砚都被磨穿了，形容非常刻苦。案无留牍，"案"就是桌子，"牍"就是公文，桌子上没有积压的公文，形容这个人工作效率很高。提醒我们除了要有智慧，还要刻苦、勤奋，才能把事情做好。

答案：

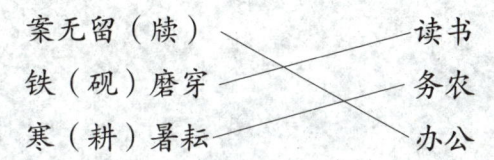

案无留（牍）　　　　　读书
铁（砚）磨穿　　　　　务农
寒（耕）暑耘　　　　　办公

第三题　一起来找茬

请从中挑出三个错误成语。

投笔从戎	定海神针	立竿见影	五谷丰登
腾云驾雾	粗茶淡饭	驷马难追	朝秦暮楚
势如破竹	愤发图强	鸿雁传书	飞檐走壁
运筹帷幄	金刚怒目	入木三分	雄姿英发
废寝忘食	夙兴夜寐	黄粱美梦	艰苦卓决
琼楼玉宇	再接再历	物华天宝	掌上明珠

答案：

愤发图强（应为"奋"）

艰苦卓**决**（应为"绝"）
再接再**历**（应为"厉"）

第四题　情景题

题目1

祖逖与刘琨练武剧照

西晋末年，政治黑暗，豪强纵横，人民生活在水深火热之中。爱国青年祖逖、刘琨同在司州做官，他们二人志同道合，希望能建功立业，复兴晋朝。白天他们一起在衙门里供职，晚上合盖一床被子睡觉。

时间：西晋末年某日

地点：司州祖逖、刘琨住所

人物：祖逖、刘琨

祖逖：这是什么声音？醒醒，你听这什么声音？

刘琨：是鸡叫嘛，夜半鸡叫可真是不吉利。

祖逖：要我说这可不是不吉之声，我们不如以后听到鸡叫就起床练剑，怎么样？怎么样？

第六期 薪火相传

刘琨：这才不到四更天！我说士稚，你是认真的吗？

祖逖：眼下国家多难，咱们有志男儿岂能埋头安睡？要我看，这鸡叫声偏在此时响起，是老天爷督促咱们早点起床，让咱们好好习武，将来报效国家的。

刘琨：士稚，你说得对！你等等我，我也要舞剑。

这个故事中包含了哪个成语？

答案：

闻鸡起舞

题目2

时间：西晋末年某日

地点：司州祖逖、刘琨住所

人物：祖逖、刘琨

刘琨：士稚，你这闻鸡起舞的主意真是不错，刚才我还赖床不起，真是惭愧。说起爱国之心，我可一点也不比你少，不能让你一个人出风头。

祖逖：越石，我岂能让你一鞭子就赶到前头去。

刘琨：从今晚开始，我要枕着兵器睡觉，每天还要比你起得更早一些，多练几招剑术，成为比你更有成就的大英雄。

祖逖：好，越石，我就与你较量较量，看咱们谁能成就更大的功业。来！

请问以下哪个成语，最适合形容故事中祖逖、刘琨的理想？

A 裕民足国　　　B.为民请命　　　C.济世安民

嘉宾点评

康震：有一些成语有非常具体的产生背景，比如闻鸡起舞的事是在西晋末年，当时的局面非常复杂，像祖逖，先是八王之乱之后南渡，然后又上表请求北伐返回中原。祖逖和刘琨两个人，最后的结局都不好。为什么都不好呢？因为当时的政治、军事的斗争非常激烈，非常复杂，但这两个人的忠心可鉴，不管多复杂，他们都想要兴复中原、匡扶晋室，矢志不渝。正是因为这种时局的紧迫性、动荡性，使得他们不得不闻鸡起舞，使得刘琨不得不生发出枕戈待旦的急切心情，这都是在紧迫的情景下产生的成语。在特定的情景下，有的创造出了像闻鸡起舞这样表达紧迫的成语，有的创造出了比如说海纳百川这样展示胸怀的成语。情境不同，它产生、表达的意思就不一样。我们如果只是看字面的意思，就无法真正理解成语的含义，这个成语也就没有发挥出应有的价值。

答案：
C. 济世安民

三、团结

第一题　消消乐

请从以下二十五宫格中选出成语。

荣	与	戚	存	共
比	同	相	而	同
共	生	与	甘	死
不	辱	团	求	休
苦	异	共	依	周

> 嘉宾点评

姚喜双：从字面上来讲，成语同甘共苦，"甘"和"苦"对应；"同"和"异"、"荣"和"辱"、"生"和"死"，字面都比较好理解；还有"休"和"戚"，"休"是指欢乐、吉庆，和它相反的"戚"指悲伤、悲哀、忧愁；周而不比，"周"是指亲和，好词，"比"是指勾结。这组成语的用词都是对立的，从本义上来讲又是求同的。

康辉：从这些成语中会发现，中国的哲学中，其实一直以来就有对立统一的辩证思维，共苦过的这种团结，是更紧密、更牢固的。

康震：这个世界上任何事物都是两面的，矛盾是事物的本质。有了矛盾就有对立，对立的矛盾双方发生了斗争，解决完斗争之后就走向了团结，这是事物发展的本质规律。不管是甘苦，还是休戚、荣辱、生死，我们紧紧地抱在一起，这只是团结的一个方面。什么叫求同存异呢？真正的团结不是一团和气的那种团结，而是和而不同的团结。那怎么做到和而不同呢？就要求同存异。怎么才能做到求同存异呢？一定要心胸宽广、海纳百川，一定要听得进去最刺耳的但也许是正确的意见，这是最难的。团结这件事情有大学问，并没有表面那么简单，不要以为拍拍肩膀说说好话就是团结，等到真的要解决问题的时候，才是看是不是真团结的试金石。

答案：

同甘共苦、求同存异、休戚与共、

生死相依、周而不比、荣辱与共

第二题　连连看

题目 1：请把成语中的字填写正确。

琴（　　）和鸣

袍（　　）之谊

成语探华夏

手足（　　）深

题目2：请把下列成语和对应的人物关系进行连线。

琴（　　）和鸣　　　　兄弟

袍（　　）之谊　　　　夫妻

手足（　　）深　　　　战友

嘉宾点评

康辉：这三个成语，是中国人在表达人和人之间情感关系的时候使用的。在一个团队当中，如果真的能够形成袍泽之谊，那这个团队就会特别有力量。唐老师，您是不是也有这样的体会？

唐际根：对，团队成员之间，处得好的时候，有的时候会互相分享，不分彼此。袍泽之谊，"袍"就是袍子，是外头那个衣服，"泽"是里头那个衣服，这个成语就是指两个人交好的时候，彼此的衣服可以换着穿。这最早出自《诗经·秦风》中的《无衣》一诗："岂曰无衣，与子同袍；岂曰无衣，与子同泽。"就是说内衣、外衣都可以跟你换，这样的关系确实是好到可以同进退、同出入。

袍　　　　　　　　　　泽

答案：

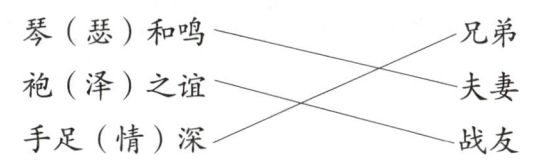

琴（瑟）和鸣 —— 夫妻
袍（泽）之谊 —— 战友
手足（情）深 —— 兄弟

第三题　一起来找茬

请从中挑出三个错误成语。

千军万马	百步穿杨	立竿见影	五谷丰登
腾云驾雾	粗茶淡饭	众志成诚	朝秦暮楚
同心携力	鸿鹄之志	鸿雁传书	飞檐走壁
运筹帷幄	金刚怒目	入木三分	雄姿英发
废寝忘食	夙兴夜寐	黄粱美梦	戮力同心
琼楼玉宇	曲径通幽	物华天宝	掌上明珠

=嘉宾点评=

康震：这个众志成城，不是诚实的"诚"，它为什么是城市的"城"呢？在古代，一座城，是一个非常重要的标识，城市是文明的象征，是权力的象征，也是整个聚落的象征。在古代，一场战争下来，如果都城被攻破了，这个国家就灭亡了，所以国和都之间的关系是非常紧密的。古人经常讲，攻城作战以攻心为上，不战而屈人之兵，怎么把人的兵给屈了呢？要先屈了他的心，他的兵自然就放下了。古人非常清楚心和城的关系、心和人群的关系，所以团结的核心就是人心，人心凝聚成一条绳就叫团结。这个成语所使用的城市的"城"，有历史的特点，也同时带有我们民族的特点，这是非常有意思的。

答案：
众志成诚（应为"城"）
同心携力（应为"协"）
戮力同心（应为"勠"）

第四题　情景题

题目 1

愚公移山 AI 生成图

冀州南部有两座大山，一座叫太行，一座叫王屋，如同巨人阻隔南北。山下住着一位耄耋老人，人称愚公，面对山峦阻隔，他心有不甘。

地点：太行、王屋山下

人物：愚公、愚公妻、智叟

愚公：让我们把这两座山挖开，开条大路通到南边去。

愚公妻：你连小山都挪不动，还想搬两座大山，这挖出的土石又往哪儿搁？

愚公：运到渤海边上。

于是愚公携儿孙上山凿石，邻家7岁的小孩也来帮忙，寒来暑往，日复一日。有个叫智叟的老头闻讯而来。

智叟：愚公，你都90了，这一把老骨头能把山挖平？

愚公：我死了有儿子，儿子死了还有孙子，子子孙孙没有穷尽，一代代人总能挖平。

移山大业浩浩荡荡，如火如荼，叮叮当当的凿声吵醒了山神，他怕山被挖空，便去禀告天帝。天帝被愚公的执着打动，命大力神之子将王屋、太行移往别处，自此峡谷天堑变作一片通途。

请问以下哪一个成语，和愚公移山的精神是相近的？

A. 急中生智　　　　B. 矢志不渝　　　　C. 舍生取义

= 嘉宾点评 =

康震：如果没有愚公移山的精神，就没有中华民族的现在，这是一个非常简单的道理，它强调的是一种奋斗精神，人们必须要用自己的双手，以主观能动的方式来改造自然。别说古代社会，我们现在在西南地区修了那么多世界第一的、最高的或跨度最大的桥，就是要让我们乡村的百姓通过列车、高架桥把货物运出来，让他们从大山里走出来。所以我觉得愚公移山代表了我们中华民族数千年来的一种根本的精神，即"天行健，君子以自强不息；地势坤，君子以厚德载物"。

成语 探 华夏

北盘江第一桥

清水河大桥

答案：
B. 矢志不渝

题目2

假途灭虢 AI 生成图

在晋国的旁边有两个小国，一个叫作虞国，一个叫作虢国。这两个国家领土相接，相互的关系也很好，但是虢国经常骚扰晋国，晋献公便打算攻打虢国。公元前658年，晋国派出使者到了虞国，为虞国国君送上了一匹千里马和一对名贵的玉璧作为礼物。使者对虞国国君说道："虢国经常侵犯我们，我们想攻打虢国，为了行军方便，是否可以借给我们一条道路用来行军？"收到礼物，虞国国君本想答应，但是虞国大夫宫之奇拦住了他，并说道："虢国和虞国离得这么近，两国互助才不至于灭亡，虢国若被晋国灭了，那么虞国一定也自身难保。"虞国国君并不同意这种看法，认为和晋国交好比和虢国交好更重要。宫之奇还想劝谏，但是被虞国的另一位大夫百里奚拦住了。这之后，晋国的军队途经虞国打败了虢国，而在回来的时候，也顺手把虞国消灭了，不但取回赠送虞国的千里马和玉璧，连虞国的国君也给俘虏了。

成语探华夏

请问以下哪个成语最适合形容虞国和虢国之间的关系？

A. 唇亡齿寒　　　　B. 隔岸观火　　　　C. 兔死狐悲

嘉宾点评

康震：假途灭虢，包括唇亡齿寒的教训，至少有三点非常重要。第一，作为一个国家，不能贪小利而忘大义，这是很要命的。第二，毛泽东同志说过，"谁是我们的敌人，谁是我们的朋友，这是革命的首要问题"。虞国的国君闹了半天没弄明白谁是自己的朋友，谁是自己的敌人，把朋友出卖了，最终还把自己也给出卖了。第三，国与国之间是利益关系，要对自己的战略地位有精准的判断。在这个利益板块和格局当中，虞国的国君也没有意识到自己处在什么利益链条上。根据《左传》的记载，当时虞国的国君还问了两个关键问题，虞国的国君说："我们和晋国都是同一个宗主国，我们是亲戚，他会打我吗？"他把亲戚关系和国与国之间的关系混为一谈了，在战略判断上出现了大问题。他又问了一个问题："我祭祀的时候都很恭敬，我祭祀的祭品丰盛，祭祀的整个过程都很清洁，我对神那么恭敬，神灵会保佑我吧？"从这几个方面来看，虞国的国君思想观念落后，脑筋糊涂，分不清利害关系，拎不清亲戚关系和国与国的利益关系，这是他自取灭亡的根本原因。

康辉：在这个故事当中，除了大家比较熟悉的唇亡齿寒这个成语之外，还有一个成语也出自这个故事，即辅车相依。

姚喜双：辅车相依，"辅"指颊骨，"车"指牙床，它们之间是互相依附的。所以我们在观察事物的过程当中，要注意它们之间内在的联系，不要图一时的利益，要有远见。古人的智慧一直到今天还能够给我们启发。我觉得薪火相传，传的就是这些智慧给我们的启发。

答案：

A. 唇亡齿寒

四、梦想

第一题　消消乐

请从以下二十五宫格中选出成语。

马	门	南	独	鹏
鳌	之	鸿	山	跃
放	程	头	行	万
空	占	鱼	混	鹄
里	志	天	龙	马

=嘉宾点评=

康震：这些跟动物有关的成语中，最吸引我的是鸿鹄之志，因为怀有鸿鹄之志是一件难能可贵的事。陈涉年少时，与人一起帮人家种地，大家都在田头上休息时，他没来由地说了一句"苟富贵，无相忘"，当时同伴们都想，就你还能富贵？大家都富贵不了，你说的就是一句空话。陈涉感叹："燕雀安知鸿鹄之志哉！"陈涉能够在秦末领导农民起义，作为农民起义军的领袖而被列入《史记》中的"世家"，跟当时很多的王公贵族列在同一个序列里面，这说明他的事迹给当时社会带来了非常大的震动。陈涉只不过是一个佣耕者，却有鸿鹄之志，这是十分可贵的。后来，"燕雀安知鸿鹄之志哉"凝练为鸿鹄之志这个成语，它的现代意义非常强。古人经常说"人人皆可为尧舜"，其实是在讲，普通人只要拥有不平凡的理想，就可以成为不平凡的人，一个人的职业或许是平凡的，但他可以创造不平凡的事业。这是一个很厉害的辩证法。

康辉：还有八个字我们也经常讲，"天下兴亡，匹夫有责"。如果一个人胸怀天下，有这样的担当，那么他就不是平凡的匹夫，他一定会做出不平凡的事业来。

唐际根：谈到"梦想"这个主题，只要回顾成语中的历史故事就能发现，人和物也是有了梦想以后，才一步一步有了发展。比方说马放南山，武王伐纣以后把商给灭了，他觉得社会安定，天下太平，就把战马放归华山之阳，意为不再打仗，他的梦想实现了。鱼跃龙门体现的是对梦想的追求，黄河鲤鱼如果跳过了龙门山，它就能化而为龙。正是因为心怀梦想，而且世世代代不懈追求，中华文明才得以薪火相传。

答案：
天马行空、鸿鹄之志、鹏程万里、
马放南山、鱼跃龙门、独占鳌头

第二题　连连看

题目1：请把成语中的字填写正确。

铸剑为（　　）

（　　）宫折桂

平（　　）青云

题目2：请把下列成语和对应的理想进行连线。

铸剑为（　　）　　　　　考试得中
（　　）宫折桂　　　　　和平发展
平（　　）青云　　　　　事业有成

嘉宾点评

康震：现在蟾宫折桂的含义近似于金榜题名。西晋的时候，晋武帝手下有一个大臣叫郤诜，这个人做官是有政声的。后来他得了一个新的职务，即将上任，晋武帝率领百官来送他，氛围很放松。晋武帝说："郤诜，你怎么评价你自己呢？"郤诜就说："我当年贤良对策为天下第一，就好比是月亮里面那棵桂树的一枝，就好像是昆山之上的一片美玉。"晋武帝一听就笑了，觉得这个人说话很自负。旁边的人不干了，认为他态度狂悖，不敬上，建议皇帝把他免掉。晋武帝说："没事，我们开玩笑呢，不足为怪。"蟾宫折桂，后来指的是金榜题名，但是在这个成语故事中却能看得出来，当时君臣之间的关系是很融洽的，人才成长的环境也是非常宽松的，只有如此，他才能说出这样的话，从而衍生出蟾宫折桂这个成语。

答案：

铸剑为（犁）　　　　　考试得中
（蟾）宫折桂　　　　　和平发展
平（步）青云　　　　　事业有成

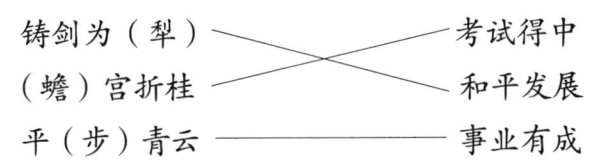

成语探华夏

第三题　一起来找茬

请从中挑出三个错误成语。

千军万马	百步穿杨	立竿见影	五谷丰登
一枕黄粱	粗茶淡饭	驷马难追	朝秦暮楚
势如破竹	鸿鹄之志	鸿雁传书	登堂入室
运筹帷幄	千锤百炼	入木三分	雄姿英发
志同道和	夙兴夜寐	黄粱美梦	求同存异
琼楼玉宇	曲径通幽	壮志未筹	掌上明珠

嘉宾点评

唐际根：志同道合这个成语可以这样想：两个人或者一个团队在做事，大家志向是一样的，但是如果仅仅是和谐相处，走的却不是一条道，志向就实现不了，所以志同道合的"合"，用和谐的"和"不太通；但是如果两条道路合到一起，相当于走同一条道路，这样意思就通了。因此，我们做事的时候，确实要找一群志同道合的人来共同奋斗。

答案：

一枕黄粱（应为"粱"）

志同道和（应为"合"）

壮志未筹（应为"酬"）

第四题　情景题

题目 1

夸父 AI 生成图

　　太阳每日东升西落，为大地带来光明与温暖。于是有人对太阳的运行产生了浓厚的兴趣，渴望了解太阳的秘密，更希望太阳能永远停留在自己的部落上空，为族人带来永恒的光明与温暖，这个人就是传说中的巨人夸父。

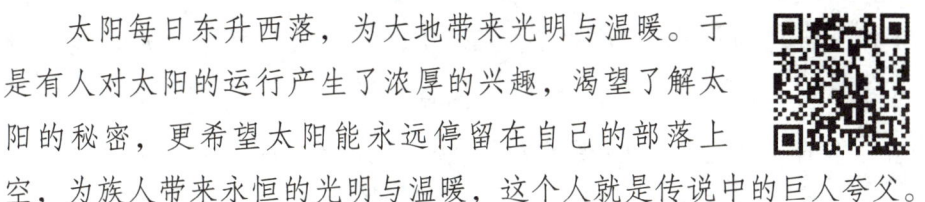

　　于是，夸父踏上了追逐太阳的旅程，他迈开大步，跨过山河，穿越森林，不畏艰难险阻，勇往直前。他的每一步都踏出了深深的足迹，他的身影在大地上投下了长长的影子，仿佛是在向世界宣告他的决心与勇气。然而太阳却似乎在与夸父捉迷藏，每当夸父快要追上时，它就会加速前进，始终保持着一段距离。夸父并不气馁，他继续奔跑，直到最后他感到口渴难耐，便跑到黄河和渭河边去喝水。他一口气喝干了黄河，又一口气喝干了渭河，却仍然无法解渴。

成语探华夏

夸父只好继续向北方的大湖跑去，但在途中，他因过度劳累和缺水而倒下，再也没有起来。

夸父虽然未能追上太阳，但他的勇气和决心却感动了天地，他的身躯化作了一座大山，他的手杖变成了一片桃林，为后人提供了庇护与果实。

请问以下哪个成语最适合形容夸父？

A. 理直气壮　　　　B. 勇往直前　　　　C. 奋起直追

嘉宾点评

康震：夸父逐日这个故事最早的记载是在《山海经》里面，后来的很多笔记小说又对它进行了加工和敷衍。它最早是一个很简单的故事：有一个夸父国，夸父国里面的首领跟太阳赛跑。这反映了古人对于太阳运行的一种观察，太阳每天从东边出来，从西边落下去，他想要在这个过程当中追上太阳。这个故事最早不是什么积极寓意，而是比喻自不量力，夸父为了赢得这场比赛，不惜付出惨重的代价，丢掉了自己的性命。虽然性命丢掉了，但他轰然倒下之后，他的身躯和手杖变成了山林，也就是说他在某种意义上获得了重生，而且他化作的山林会永远注视着太阳从东边升起，从西边落下。到了后来，这个故事里边所展现的勇气被人们发掘出来，同时赋予了这个成语更新的时代意义。

康辉：之所以大家对上古神话传说当中的一些名字、一些人物越来越熟悉，我国航天事业的发展功不可没。大家因为关注航天事业的发展，发现我国很多航天器都是用古代神话传说当中的人物来命名，比如有"嫦娥号"，有"悟空号"，也有"夸父号"。

嫦娥六号

悟空号

夸父一号

姚喜双：夸父象征勇往直前，在我国科技事业的发展过程中，这种精神在传递着，薪火相传。不仅是航天事业，很多现代化的科研在攻坚、攻关的过程当中，勇往直前的精神也得到了很好的传承和发扬。

康辉：唐老师，从考古发掘的器物上面，是否也能找到与神话传说当中的形象的一些关联呢？

唐际根：是的，比如说三星堆发现了青铜的蛇，《山海经》里面就有夸父持蛇这样的形象描述。古人可能会通过某一种方式，来保存他们心目中的那种信仰，来表达对梦想的渴望和追求。

青铜蛇

夸父逐日 AI 生成图

答案：

B. 勇往直前

题目 2

精卫填海 AI 生成图

远古时期,大海浩瀚无边,天地间充满了神秘与未知。在一片广袤的土地上,生活着一位名叫女娃的少女,她是炎帝的小女儿。

有一天,女娃乘船到东海上游玩,不料遭遇了突如其来的风暴,小船被巨浪吞噬,女娃也不幸溺水身亡,但她的灵魂并未消散,而是化作了一只名叫精卫的小鸟。精卫鸟虽小,却拥有着非凡的意志与决心,它深知自己无法改变已经发生的悲剧,但它不愿意让这场灾难白白发生,于是立下了一个宏伟的志向——填平东海,以告慰自己无辜逝去的生命。精卫鸟每天从西山上衔来小石子和树枝,然后飞到东海的上空,将它们一一投入海中。东海广阔,深不可测,精卫的努力似乎只是徒劳,但精卫并未气馁,它坚信只要持之以恒,再大的困难也能克服。

请问以下哪个成语所比喻的精神与精卫填海的精神相似?

A. 滴水穿石　　　　B. 以卵击石　　　　C. 他山之石

成语探华夏

嘉宾点评

康震：精卫填海跟夸父逐日、愚公移山，在内涵上是相近的。特别是精卫填海，它最初不是一个关于积少成多的故事，而是一个关于复仇的故事。《山海经》里边所记录的，也许有一个曾经发生过的真实故事作为依托，人们把它敷衍成篇，成为现在这个样子。那么也就可以看出，也许当时发生过一个灾难性的事件，先民们为了让这样的灾难不再发生，许下了填平东海这样一个宏愿。当我们知道了成语在古代的意思，就能把先民的意志与当代人的精神连通起来了，这个是非常重要的。穿越回到数千年前，看到成语发生的历史渊源，同时又能展望未来，知道这个成语在当下的精神力量所在，这就是所谓博古鉴今，学习成语的意义就在这个地方。

精卫 AI 生成图

答案：
A. 滴水穿石

第二环节　扶摇直上

在本环节中，两组选手将进行快问快答的比拼，每答对一题加 1 分。答错则将答题权转交给另一组，依此循环，率先得到 20 分的一组胜出。

快问快答　　　　　　**先知先觉**

1. 锲而不舍中的"锲"是什么意思？
答：雕刻。✔

> 比喻持之以恒，坚持不懈。锲：刻。舍：放弃、停止。

2. 一脉相承中的"脉"指的是什么？
答：血脉。✔

> 指从同一个血统或派别世代承接流传下来。一脉：联络贯通而形成一个系统。相承：前后、上下继承。

3. 跬步千里中的"跬"是什么意思？
答：半步。✔

> 虽然走得不快，但只要不停顿，也能远行千里。比喻做事只要坚持不懈，总可以得到成功。跬步：半步。

4. 天下为公出自哪部典籍？
答：《礼记》。✔

> 天下是大家公有的。原指不把君位当成一家的私有物。后指国家的一切都属于人民。

成语探华夏

5. 迁客骚人中的"迁客"是什么人?
答：被贬的官员。 ✔

> 泛指失意的文人。迁客：被贬到外地的官吏。骚人：诗人。

6. 桃李不言，下自成蹊中的"蹊"是什么意思?
答：小路。 ✔

> 比喻为人真诚、忠实，自然会有强烈的感召力而深得人心。蹊：小路。

7. 刚正不阿中的"阿"是什么意思?
答：奉承。 ✔

> 刚强正直，不阿谀奉迎。

8. 筚路蓝缕中的"蓝缕"指的是什么?
答：破烂的衣服。 ✔

> 驾着柴车，穿着破旧衣服去开辟山林。后形容创业的艰辛。筚路：柴车。蓝缕：破衣服。

9. 实事求是最早用在什么地方?
答：治学。 ✔

> 出自《汉书·河间献王传》："河间献王德以孝景前二年立，修学好古，实事求是。"

10. 拾金不昧中的"昧"是什么意思?
答：贪污、留下。 ✘ （正确答案：隐藏）

> 拾到东西，不隐藏起来据为己有，而设法交还失主。

11. 飞黄腾达中的"飞黄"是什么?
答：宝马。 ✔

> 像神马那样腾空飞驰。比喻骤然得志，官职、地位上升得很快。

12. 约法三章最早是谁制定的法令?
答：刘邦。 ✔

> 原指刘邦进入咸阳，废除秦法之后制定三条简单法令。后泛指共同遵守的规定。

13. 返璞归真中的"璞"是什么？

答：朴实无华的原来的样子。

✘（正确答案：没有经过雕刻的玉）

> 去掉外表的装饰，返回到质朴、纯真的状态。璞：未经雕琢的玉。归：回到。真：纯真。

14. 日月如梭中的"梭"指什么？

答：织布时牵引纬线与经线交织的工具。 ✔

> 太阳和月亮如同穿梭似的来去。形容时间过得很快。梭：织布时牵引纬线与经线交织的工具。

15. 精益求精中的"益"是什么意思？

答：更加。 ✔

> 已经很好了，还力求做得更好。

16. 寿比南山中的"南山"指的是哪里？

答：终南山。 ✔

> 寿命像终南山一样长久。

17. 乘风破浪与哪个历史人物有关？班超还是宗悫？

答：宗悫。 ✔

> 出自《宋书·宗悫传》："悫年少时，炳问其志，悫曰：'愿乘长风破万里浪。'"

18. 日暮途远指什么？

答：陷入困境。 ✔

> 太阳就要落山而行程尚远。比喻处境十分困难，到了末日。也形容穷困到极点。

19. 一饭千金的故事中，主人公是谁？

答：韩信。 ✔

> 出自《史记·淮阴侯列传》："信钓于城下，诸母漂，有一母见信饥，饭信，竟漂数十日。"比喻受人点滴恩，必以厚报。

20. 抱柱之信的故事中，主人公是谁？

答：商鞅。 ✗ （正确答案：尾生）

> 出自《庄子·盗跖》："尾生与女子期于梁下，女子不来，水至不去，抱梁柱而死。"用以表示坚守信约。

21. 学富五车最早用于形容谁？

答：惠子。 ✓

> 出自《庄子·天下》："惠施多方，其书五车。"意思是惠施的学问广博，他的书多达五车。惠施即惠子。

22. 矢志不渝中的"渝"是什么意思？

答：放弃。 ✗ （正确答案：改变）

> 发誓永远不改变。矢志：发誓，立志。渝：改变。

23. 悬梁刺股的故事中，"刺股"的主人公是谁？

答：苏秦。 ✓

> 出自《战国策·秦策一》："（苏秦）读书欲睡，引锥自刺其股。"形容勤学苦读。

24. 宵衣旰食中的"旰食"是什么意思？

答：吃饭很晚。 ✓

> 天不亮就穿衣起床，天黑了才吃饭。形容勤于政事。宵：夜里。旰：晚上。

25. 忠贯日月最早用于形容谁？

答：郭子仪。 ✓

> 出自《新唐书·郭子仪传赞》："子仪自朔方提孤军，转战逐北，谊不还顾……虽唐命方永，亦由忠贯日月，神明扶持者哉！"

26. 手足胼胝中的"胼胝"指的是什么？

答：茧子。 ✓

> 指长期从事体力劳动，手脚生茧。形容长期辛苦劳作。

27. 自强不息出自哪部典籍？

答：《周易》。 ✓

> 出自《周易·乾》："天行健，君子以自强不息。"自己不懈地努力向上。

结　　语

唐际根：成语来自于古人的生活，凝聚着古人的智慧。通过今天的交流，我看到的是中国成语文化不断延续的希望，所以来日方长，后会有期。

姚喜双：《成语探华夏》让我感到相见恨晚。成语能够给我们智慧，给我们力量，给我们意志品质，是中华文明体系当中的一颗闪亮的明珠。

康震：这几期的《成语探华夏》，如果把它比作一条道路的话，真可以说是曲径通幽、异彩纷呈，而又险象环生。同时，各位选手一路相濡以沫、同舟共济、砥砺前行。所以，在这儿衷心地祝愿咱们的每一位选手都能扶摇直上、鹏程万里，实现自己的鸿鹄之志。

康辉：参加《成语探华夏》节目，我相信我们每一个人都有收获。对于我来说，最大的收获就是对成语认识得更深入了。成语是什么呢？我想它是邯郸故城的街巷、砖瓦；是四书五经、文史典籍的精华缩略；更是韩愈、苏轼凝练概括的人生感喟。成语就是中国人千百年来口口相传、生生不息的智慧结晶，到今天，到未来，永远都是我们的"嘴替"。探成语故事，寻泱泱华夏。万千成语，说不完中华文脉悠悠，英才辈出；道不尽华夏山河壮阔，勇毅前行。这一季的节目到这里要画上一个圆满的句号了，依依惜别，但是我们不做三叠阳关之叹，因为后会有期，我们还有风云际会之刻。

小游戏　成语接龙

请用给出的成语开始接龙。

【薪尽火传】柴烧尽了，火种却留传下来。比喻学问或技艺代代相传。《庄子·养生主》："指穷于为薪，火传也，不知其尽也。"

薪尽火传→传闻异词→词不达意→意气自如→如出一辙→辙乱旗靡→靡有孑遗→遗臭万年→年深日久→久居人下

【一言九鼎】九鼎：相传古时夏禹铸了九个鼎，象征九州，九鼎在夏、商、周三代成为象征国家政权的传国之宝。比喻一句话能起到极大的作用。也形容说的话分量很重。《史记·平原君列传》："毛先生一至楚而使赵重于九鼎大吕。"

一言九鼎→鼎足之势→势在必行→行有余力→力穷势孤→孤芳自赏→赏心悦目→目不暇接→接连不断→断发文身

【标新立异】标：表明；立：建立，树立；异：特别，奇异。原指独创新意，立论与众不同。后指提出新奇的主张以显示自己与众不同。南朝宋·刘义庆《世说新语·文学》："支道林在白马寺中，将冯太常（冯怀）共语，因及《逍遥》，支卓然标新理于二家之表，立异义于众贤之外。"

标新立异→异想天开→开疆拓土→土崩瓦解→解囊相助→助我

张目→目无全牛→牛头马面→面目全非→非池中物

【刚柔相济】指待人处世刚强同柔和两者互相调剂、制约、补充、促进。汉·王粲《为刘荆州与袁尚书》："何者？夫金木水火，以刚柔相济，然后克得其和，能为民用。"

刚柔相济→济贫拔苦→苦中作乐→乐以忘忧→忧国忧民→民怨沸腾→腾云驾雾→雾里看花→花朝月夕→夕惕若厉

【吐故纳新】故：旧的；纳：接纳，吸收。这是道家养生的方法。指吐出浊气，吸入清气。后比喻排除旧的，吸收新的。《庄子·刻意》："吹呴呼吸，吐故纳新。"

吐故纳新→新亭对泣→泣不成声→声名鹊起→起死回生→生花妙笔→笔酣墨饱→饱食暖衣→衣钵相传→传宗接代

【废寝忘食】寝：睡觉；食：吃饭。顾不上睡觉，忘记吃饭。形容专心致志地干某一件事情，连吃饭、睡觉都顾不上了。《列子·天瑞》："杞国有人忧天地崩坠，身亡所寄，废寝食者。"

废寝忘食→食不求甘→甘拜下风→风花雪月→月明如昼→昼夜兼行→行云流水→水到渠成→成千上万→万箭攒心

【披肝沥胆】披：剖露；沥：滴下。露出肝脏，滴出胆汁。形容非常忠诚。也形容真心相待，开诚相见。《史记·淮阴侯列传》："臣愿披腹心，输肝胆，效愚计。"

披肝沥胆→胆战心寒→寒花晚节→节外生枝→枝繁叶茂→茂林修竹→竹马之交→交浅言深→深明大义→义无反顾

【铁砚磨穿】磨穿铁铸的砚台。形容坚持不懈，立志下苦功夫读书写作。《新五代史·桑维翰传》:"初举进士,主司恶其姓,以'桑''丧'同音。人有劝其不必举进士,可以从他求仕者。维翰慨然,著《日出扶桑赋》以见志。又铸铁砚以示人曰:'砚弊则改而他仕。'卒以进士及第。"

铁砚磨穿→穿凿附会→会少离多→多愁多病→病从口入→入情入理→理屈词穷→穷当益坚→坚壁清野→野心勃勃

【闻鸡起舞】听到鸡叫就起来舞剑练武。形容有志之士及时奋发努力。《晋书·祖逖传》:"(逖)与司空刘琨俱为司州主簿,情好绸缪,共被同寝。中夜闻荒鸡鸣,蹴琨觉曰:'此非恶声也。'因起舞。"

闻鸡起舞→舞文弄法→法不徇情→情深似海→海枯石烂→烂醉如泥→泥沙俱下→下笔有神→神出鬼没→没齿不忘

【众志成城】万众一心,像坚固的城墙一样不可摧毁。比喻大家团结一致,力量就无比强大。《国语·周语下》:"故谚曰:'众心成城,众口铄金。'"

众志成城→城狐社鼠→鼠目寸光→光风霁月→月明如昼→昼夜兼行→行将就木→木心石腹→腹有鳞甲→甲第连云

《成语探华夏》
电视节目主创人员

出 品 人	慎海雄
总 策 划	薛继军
总 顾 问	何光彩　常　斌
总 监 制	杨继红　史　岩
总 统 筹	周　为　那书晨　李晋宇　樊成华
总 协 调	王　晖　王振儒　徐　翀　杜树杰
总制片人	颜　芳
总 导 演	孔媛媛　汪　震　刘　磊
执行总导演	严安平　王晓纯　李小双　王俊淇
学术顾问	康　震　李定广　杜　翔
题库专家	杜　翔　李天飞　李定广　方笑一
	李　静　万　森　笪颢天　王笑非
	王　翔　王　聪　刘元杰　洛柏森
统　　筹	宋英慧　刘　潇　朴晶心　任琳娜
学术支持	国家语言文字推广基地（北京师范大学）
	北京师范大学中华文化研究院丨京师书院
	北京师范大学教育部中国特色哲学社会科学
	研究重大专项"中国语言文学自主知识
	的理论创新与当代实践"
联合制作	中央广播电视总台社教节目中心
	中共邯郸市委　邯郸新闻传媒中心
主　　办	中央广播电视总台
	教育部
	国家语言文字工作委员会